Náufragas

Esposas, viudas y prostitutas en la escena victoriana

Encuentros: Culturas y Literatura

7

VICTORIA PUCHAL TEROL

Náufragas

Esposas, viudas y prostitutas en la escena victoriana

PUV
VNIVERSITAT
ᴅᴇ VALÈNCIA

Publicación sometida
a peer review
PUV

© Victoria Puchal Terol, 2026
© De esta edición: Universitat de València, 2026

Publicacions de la Universitat de València
Arts Gràfiques, 13 • 46010 València
http://puv.uv.es
publicacions@uv.es

Coordinación editorial: Juan Pérez Moreno
Corrección y maquetación: Letras y Píxeles, S. L.
Diseño de la cubierta: Quinto A. Estudio Gráfico

ISBN: 978-84-1118-419-9 (papel)
ISBN: 978-84-1118-686-5 (ePub)
ISBN: 978-84-1118-687-2 (PDF)

Depósito legal: V-485-2026
Printed in Spain

Para Gustavo

Índice

Introducción. 11

1. Esposas no normativas. 25
   1.1. La ideología doméstica victoriana. 26
   1.2. Dion Boucicault y *The Colleen Bawn* (1860). . 32
   1.3. Eily O'Connor: ¿un ángel del hogar?. 40
   1.4. Eily O'Connor: la escena de la cueva
       y la mujer sumergida. 49

2. Viudas. 59
   2.1. La identidad de las viudas victorianas. 60
   2.2. Tom Taylor, *Up at the Hills* (1860)
       y Louisa Ruth Herbert. 69
   2.3. Mrs. Clara Eversleigh y Mrs. Isabella Colonel
       Mccann: mujeres solas y las *grass widows*. 82
   2.4. Mrs. Clara Eversleigh: el luto y la araña. 98

3. Prostitutas. 115

   3.1. Dion Boucicault y la crítica a *Formosa* (1869). 118

   3.2. La ciudad decimonónica como espacio
   hostil. 131

   3.3. *Formosa*: ¿naufragio o supervivencia? 141

   3.4. *Formosa*: la reintegración imposible. 150

Conclusiones 159

Bibliografía. 171

Introducción

Hablar de náufragas del siglo XIX no es una tarea sencilla. La inclinación natural a pensar en náufragas victorianas nos lleva a imaginarnos mujeres supervivientes tras el hundimiento de un barco. Las suponemos sobre una balsa hecha de maderos flotantes, con los ropajes y los cabellos empapados, llegando a la orilla de una isla desierta. En nuestra imaginación, estas náufragas sobreviven a duras penas, a base de frutos silvestres y pequeños animales que consiguen capturar con sus delicadas manos. Las imaginamos aterradas por los posibles malhechores que pudieran atentar sobre su modestia (piratas, nativos...). En definitiva, las náufragas victorianas que forman parte de nuestro imaginario colectivo son viajeras truncadas, incapaces de llegar a su destino y necesitadas de un salvavidas.

Sin embargo, ¿por qué no pensar también en las náufragas sociales? Las historias de naufragio no suceden únicamente en islas remotas ni es necesario que un barco se hunda en el mar. Así lo expresó Emilia Pardo Bazán en su relato «Náufragas», publicado en la revista *Blanco y Negro* en 1909. En este texto, tres mujeres (una madre y sus dos hijas) se trasladan desde el campo hasta Madrid después de que el patriarca de la familia falleciera y las

11

dejara desamparadas y con deudas. Al llegar a la capital, las mujeres ven cómo sus ilusiones de encontrar un trabajo decente y «de respeto» se van esfumando al sentirse casi invisibles a ojos de los demás. Vistiendo aún de luto tras su pérdida, las tres mujeres se ven «perdidas en el mar madrileño […] navegando por las calles, sin techo, sin pan» (Pardo Bazán, 1909). No es tarea fácil encontrar un trabajo respetable, a pesar de su ofrecimiento en varios establecimientos: al parecer, la capital del XIX no está hecha para mujeres extraviadas.

En su relato, Pardo Bazán utiliza el naufragio como metáfora para referirse al estado de las mujeres (solas) perdidas en la ciudad. Además, no nos presenta a cualquier tipo de mujeres: nos cuenta la experiencia de una mujer viuda de clase media, y de sus dos hijas jóvenes, sin estudios y sin profesión. Nos recuerda en varias ocasiones que, de haber sido el patriarca de otra manera, quizá ellas habrían quedado más protegidas. Las náufragas de Pardo Bazán están así por culpa de un hombre, pese a un hombre, y como consecuencia de la poca preparación que la sociedad les ha permitido tener fuera del entorno familiar. En definitiva, si hay algo que la autora nos deja entrever entre líneas es que la sociedad «respetable» del XIX no ofrecía muchas alternativas fuera de la vida familiar a las mujeres poco preparadas y no acompañadas por una figura masculina. Teniendo en cuenta el profundo interés que Pardo Bazán tenía en la educación que las mujeres de la época recibían, no es de extrañar que en el relato se utilice el naufragio como metáfora para hablar sobre cómo la falta de preparación de las mujeres podía llevarlas a una situación inestable. ¿Acaso hay algo más angustioso que sentirse «entre olas, hundiéndose hasta el cuello ya» (Pardo Bazán, 1909)?

Así pues, aunque generalmente solemos pensar en el naufragio en su sentido literal, la Real Academia Española también contempla entre sus acepciones el significado de «pérdida grande; desgracia o desastre» (RAE, s. f., definición 2). Hablar de mujeres «desgraciadas» o «perdidas» en vez de «náufragas» quizá nos ayude a visualizar mejor a los personajes femeninos de los que hablaremos en este volumen. Además, no perderemos de vista algunos de los símbolos tradicionales de las historias de naufragios. Al igual que Pardo Bazán en su relato, veremos mujeres en la literatura que se sienten ahogadas entre las olas de una sociedad que las empuja hacia las profundidades, pero también mujeres que medran gracias a sus propios recursos. Más concretamente, nos centraremos en mujeres náufragas sociales tal y como se representaron en el teatro popular inglés decimonónico. Estas, según veremos, nos ayudaran a entender la situación social de aislamiento y rechazo de todas las que se veían fuera del canon de feminidad marcado por la sociedad.

La idea de relacionar naufragio (social) y mujeres no es nueva. Recientemente en España, autoras como De Carlos Varona (2020) han puesto el foco sobre la relación entre este concepto de naufragio y las mujeres. Con motivo de la exposición *Invitadas. Fragmentos sobre mujeres, ideología y artes plásticas en España (1833-1931)*, celebrada en el Museo del Prado de Madrid desde octubre de 2020 hasta marzo de 2021, De Carlos Varona explica cómo el término *naufragio* podría también evocar la «marginalidad [de las mujeres]» (2020: 240). Para ello, además de hacer referencia al relato de Pardo Bazán anteriormente mencionado, De Carlos Varona menciona la novela epistolar (y de inspiración autobiográfica) *Las españolas náufragas, o Correspondencia de dos amigas*, de Segunda Martínez de Robles (1831), en la cual también se juega con la metáfora del naufragio como símbolo de la pérdida o confusión de la protagonista. La propia Martínez de Robles se vio en la necesidad de escribir la novela debido a sus problemas económicos, por lo que podríamos decir que, de alguna manera, la novela fue su propio bote salvavidas (De Varona, 2020: 250).

Así pues, el uso del naufragio como metáfora para referirse a la situación desesperada de mujeres en circunstancias *anormales* parece repetirse en numerosas ocasiones durante el siglo XIX, no solo en España. Y es que las historias de naufragios se prestan a ello. Spaas y Stimpson (1996) identifican como una de las características principales de estas historias la sensación de alienación, incomodidad y exclusión en el protagonista. En otras palabras, el sentimiento de aprisionamiento ante una situación imposible de controlar con los medios de que se disponen. Tal aprisionamiento no siempre es físico —como se ha mencionado anteriormente, no es necesaria una isla para sentirse atrapado y excluido—. Inspirándose en *Robinson Crusoe* (Defoe, 1719), la historia canónica por excelencia de naufragios, Spaas y Stimpson identifican varias interpretaciones del náufrago:

> [...] la historia [de Crusoe] puede verse a la vez como un comentario sobre la relación entre el individuo y la sociedad, un rechazo heroico del viejo orden mundial, [...] un relato que plantea problemas arquetípicos de

«alteridad», de «naturalidad», de «desigualdad», de «origen» (1996: ix).[1]

De igual manera, y como ya vaticinan Spaas y Stimpson, las historias de naufragios en la literatura se ven abiertas a una constante (y cambiante) interpretación por parte de la sociedad que las consume; son, en definitiva, historias que permiten una reinvención de sus protagonistas.

Siguiendo nuestro empeño en definir la figura del náufrago (o náufraga), Palmer (2016: xi) relaciona al náufrago con un individuo dejado a su suerte, sin recursos más allá de su propia resiliencia. Como nos sugiere, el interés en las historias de naufragios no se basa únicamente en ver a los y las protagonistas flotando en el mar, sino en observar cómo prosperan gracias a sus propias acciones e iniciativas (trabajando, improvisando o realizando tareas manuales). Finalmente, y de manera más optimista, Acquisto (2012: 3), sugiere que el náufrago es un «aventurero solitario». Tal y como exploraremos con nuestras náufragas sociales, esta soledad o aislamiento no siempre es física, ya que también puede ser psicológica, o incluso pueden suceder ambas a la vez. Todas estas acepciones nos ayudan a descubrir e identificar a las náufragas de este volumen.

Aunque a simple vista la historia tradicional del naufragio nos haga pensar en hombres supervivientes, también

---

[1] Todas las traducciones de este volumen son propias a no ser que se indique lo contrario: «[...] the story [of Crusoe] may be seen at once as a comment upon the relationship between the individual and society; a heroic rejection of the old world order; [...] a tale raising archetypal problems of 'otherness', of 'naturalness', of 'inequality', of 'origin'».

debemos preguntarnos sobre cómo afectan a las mujeres. En las historias tradicionales de naufragios, como apunta Azema (2023), a pesar de que la norma general es que las mujeres, los niños y las niñas sean los primeros en ser rescatados, la salvación de estas se ve dificultada por varios motivos sociales. Entre otros, se pueden destacar dos: por un lado, el papel de cuidadoras que se atribuye a las mujeres, que deben, primero, asegurar el destino de los y las infantes que están a su cuidado; por otro, la indumentaria femenina de la época, extremadamente restrictiva y complicada de deshacer (Azema, 2023: 36; Sténuit, 2017). Estos dos matices, si bien pueden parecer triviales, resultan bastante representativos de las limitaciones impuestas a las mujeres de la época. Por ejemplo, en lo que concierne a la indumentaria femenina, no podemos olvidar su papel simbólico en la sumisión de las mujeres en determinadas posiciones. Para las mujeres decimonónicas, la ropa que vestían era una carta de presentación; no solo un símbolo de estatus o de posición socioeconómica, sino también toda una declaración de intenciones de la portadora. Los ropajes elaborados con telas caras y pesadas y las crinolinas asfixiantes, si bien estaban muy a la moda, también impedían el movimiento de las mujeres —e incluso podían provocarles la muerte, tal y como atestiguan las notas de prensa de la época en las que se cuentan historias espantosas de mujeres quemadas vivas tras verse sus ropajes envueltos en llamas—.[2] Así pues, podríamos afirmar que

---

[2] Este tipo de sucesos en los que mujeres murieron al incendiarse sus vestidos debido a sus crinolinas fueron comentados en varias notas de prensa, por ejemplo, la redactada por el periódico *Dial* el 14 de

la ropa restrictiva y las modas no eran sino otro modo de confinamiento y de transformación de las mujeres en objetos ornamentales, no pensantes (y, por supuesto, no dinámicos). La ropa, además, podía servir como símbolo de la alteridad de las mujeres. En definitiva, y como veremos en algunos de los personajes estudiados en este monográfico, a menudo la ropa se torna un símbolo de la situación personal de las mujeres. Por ejemplo, podían surgir amenazas de mujeres «fuera de lugar» cuando estas adoptaban ropas tradicionalmente masculinas o sucumbían a las modas de maquillaje y peinado más transgresoras, como en el caso de las «Girls of the Period» y las «fast girls» de mediados de siglo.[3] Como analizaremos en los siguientes capítulos de este volumen, muchos personajes femeninos en el teatro eran clasificados en función de su atuendo.

En lo que respecta al rol de cuidadoras, las normas morales y sociales del XIX inspiran una obligatoriedad de abnegación por parte de las mujeres; en otras palabras, se anteponen las necesidades de otros a las de una misma —primero salvo a mis hijos, a mis hijas, a mi madre, a mi padre… y yo voy después—. Para poder ser consideradas mujeres piadosas, altruistas y correctas, lo último en lo que debían pensar era en sí mismas. Este rol de cuidadoras del hogar viene estrechamente relacionado con la ideología tradicional de separación de esferas del XIX. Mediante la

---

marzo de 1863 (3), o la que apareció en el *South London Chronicle* el 10 de junio de 1865 (5). Consúltese más sobre la historia de la crinolina en la vestimenta decimonónica en Gernsheim (1963).

[3] Se hablará más sobre estos tipos de mujeres en el capítulo 3 de este volumen. Consúltense el artículo publicado en 1868 de Linton (1996) y el de Puchal (2021b).

diferenciación entre la esfera privada (el hogar, lo seguro) y la esfera pública (el exterior, lo peligroso), se crea una dicotomía que anima a las mujeres a permanecer en casa, a salvo. Al pensar en esta división no debemos percibir el hogar solo como un lugar físico, sino también como un espacio figurativo en el que todas las mujeres respetables de la época debían habitar. Esto se puede explicar gracias a lo que Kaplan (1996: 144) llama «geografía oculta» o *hidden geographies*, es decir, la manera en la que todos y todas organizamos mentalmente el mundo. Esta organización o delimitación puede ser literal (utilizamos mapas cartográficos, respetamos líneas fronterizas...), pero también figurada. Por ejemplo, podemos hablar de una «geografía oculta» cuando pensamos en los límites y las restricciones sociales, las estructuras sociopolíticas que gobiernan nuestras vidas, la manera en la que nos movemos e interactuamos con el mundo y los demás, entre otros. De esta manera, podríamos decir que esta manera de percibir el mundo y de organizar nuestro entorno también nos obliga a establecer un orden entre la gente que nos rodea —y a colocarnos a nosotros y nosotras mismas en cierto lugar o posición—. Así, inevitablemente, factores como nuestra cultura, nuestro entorno social, nuestra educación o, según la vertiente más conservadora de esta última, nuestro sexo nos proporcionarán unos «mapas mentales» que nos harán ver el mundo y participar en la sociedad de una u otra manera (Götz y Holmén, 2018: 158).

Nuestra «geografía oculta» muchas veces se materializa en la creación y la delimitación de los espacios físicos. Según sugiere Walker (1995: 71), las divisiones espaciales son representaciones físicas de nuestras estructuras (o mapas) mentales y de las necesidades sociales que tenemos. Por tanto, también podríamos hablar de «mapas sociales» y, ¿por qué no?, de «mapas de género». De este modo, como explican Villegas-López y Domínguez-García (2004: 12):

> [En sentido literal,] el espacio parece determinar la construcción de sujetos *masculinos* y *femeninos*, que son educados para cultivar nociones sexistas sobre su propia identidad. [En sentido metafórico,] las ideologías de género son cómplices de las formas en que se concibe e interpreta el espacio, siguiendo patrones muy estrictos.[4]

En resumen, además de cómo nos puedan condicionar nuestros «mapas mentales», también debemos coexistir con representaciones físicas de estas delimitaciones. Por ejemplo, la sociedad victoriana trazó un mapa mental extremadamente sexista, colocando a las mujeres respetables en el hogar (la esfera privada) y a los hombres en las calles (la esfera pública).[5] De esta manera, podríamos referirnos al hogar como un espacio feminizado, lugar en

---

[4] El énfasis es nuestro. «[In the literal sense,] space seems to determine the construction of both *male* and *female* subjects, who are educated to grow gendered notions of their own identity. [In the metaphorical sense,] gender ideologies are complicit with the ways in which space is devised and interpreted, following very strict patterns».

[5] En línea con lo expuesto por Monrós-Gaspar y Arias-Doblas (2023), los espacios asignados tradicionalmente a las mujeres no eran neutrales, sino que evidenciaban cómo se las relegaba al ámbito contenido de lo doméstico. Como estas autoras señalan, los salones, gabinetes y clubes femeninos se convertían en territorios liminales donde las mujeres participaban con agencia. Lo doméstico, pues, no es solo un espacio de clausura, sino también un mapa alternativo para estas mujeres.

el que las esposas, madres e hijas se sentirían a salvo. Y no solo eso: la creación de tal espacio y la aceptación de tal suposición obligaría a todas las mujeres de la época a permanecer en el hogar para evitar ser tachadas de inmorales o impedir hacer frente a peligros; en otras palabras, para evitar convertirse en náufragas.

Tras entender un poco mejor la acepción de *náufraga*, en este monográfico exploraremos tres clases de mujeres náufragas inglesas de mediados del siglo XIX, centrándonos en tres protagonistas de obras teatrales de la época: primero analizaremos la posición de las esposas no normativas, las que no acaban de encajar en el molde de piedad y abnegación que les impone la sociedad. Para ello, en el capítulo uno veremos el personaje de Eily O'Connor, la protagonista de *The Colleen Bawn* (1860) del autor Dion Boucicault. Eily, de origen irlandés y de aspecto y comportamiento humilde, se nos presenta como fuera de lugar en la institución del matrimonio. Casada en secreto con un terrateniente, Eily nunca acaba de encajar como esposa. Su historia nos permitirá analizar el rol de las esposas durante el siglo XIX y nos enseñará cómo la transgresión no tenía lugar en el matrimonio. Para poder entender a Eily, primero analizaremos el contexto decimonónico siguiendo la ideología doméstica tradicional de la época. Es precisamente en este contexto en el que la otredad de Eily la condena a ser una náufraga social. Lejos de encajar en el rol de esposa legítima, Eily ocupa un espacio incómodo para muchos y, como veremos, ejemplifica la imagen de la *submerged woman* o mujer sumergida.

En el capítulo dos hablaremos sobre las viudas, quienes nos muestran ese «limbo» en el que quedan las mujeres tras perder la protección de sus maridos. En este caso, analizaremos a Mrs. Clara Eversleigh, una de las protagonistas de la obra *Up at the Hills* (1860), de Tom Taylor. En el contexto de la India colonial del siglo XIX, veremos cómo la viudedad le confiere a la protagonista cierta libertad de las normas impuestas a las mujeres, pero, a su vez, le expone a otro tipo de amenazas en un hogar expuesto cuando falta el patriarca. A pesar de su situación social y económica acomodada, Mrs. Eversleigh se convierte en náufraga al quedar viuda. Exploraremos cómo para muchas viudas decimonónicas su comportamiento era clave para reconfigurar su imagen y su reputación a ojos de sus coetáneos. Además, analizaremos los diferentes ejemplos de viudedad femenina del siglo XIX, incluyendo ejemplos de la «viuda alegre» o *merry widow* y las «viudas de hierba» o *grass widows*.

Finalmente, en el capítulo tres hablaremos sobre las prostitutas, mujeres comúnmente conocidas como las *fallen women* (o «mujeres caídas») que bailaban en un espacio de la sociedad peligrosamente desdibujado. Para ello, revisaremos el personaje de Formosa, la prostituta de origen inglés de la obra homónima de Dion Boucicault (1869) que tanto dio que hablar. Si bien se ha escrito mucho sobre las prostitutas del XIX, resulta interesante analizar a Formosa, al tratarse de «la primera cortesana inglesa moderna» llevada al teatro (Eltis, 2013: 74). En este capítulo también se analiza cómo la ciudad decimonónica (Londres, en concreto) se convierte en un mar hostil para las mujeres, que se convierten en náufragas sociales al no poder encontrar su sitio. Sin embargo, también ofreceremos un análisis más optimista al hablar sobre las posibilidades de resurrección, salvación o reintegración de estas mujeres náufragas en la sociedad.

Como se puede imaginar, nuestras tres protagonistas no han sido recordadas a lo largo de la historia por el público medio. No son Mrs. Erlynne, de Oscar Wilde, ni Eliza Doolittle, de George Bernard Shaw. Las obras que cuentan sus historias no han sido demasiado estudiadas por los expertos, aunque en su momento fueran muy relevantes gracias a su contribución al imaginario colectivo sobre lo que significaba ser mujer durante la época. Sin embargo, como veremos en los próximos capítulos, estas obras y estos personajes femeninos son pioneros gracias a su transgresión y, por tanto, resultan valiosos como fuente de información sobre las mujeres del siglo XIX para los lectores y las lectoras actuales. Se han escogido dos obras melodramáticas del mismo autor, Dion Boucicault, y una comedia de Tom Taylor. No se pretende que estos tres ejemplos aquí analizados abarquen toda la problemática del naufragio femenino en el teatro del siglo XIX, pero sí nos gustaría presentarlos como representativos de su género y de su época. En el caso del melodrama y de las obras de sensaciones (o *sensation plays*), es importante recordar el gran poder que sus protagonistas femeninas tenían en el imaginario colectivo (Newey, 1997; Pykett [1994] 2011; Radcliffe, 2009). En el caso de la comedia, no podemos olvidar que se trataba del género predilecto para todas las clases sociales y tenía, aunque no lo pareciera, un gran componente de análisis de los roles de género y el entorno doméstico (Booth, 2004: 131-2). No obstante, como apunta Marcus (2012: 442), las obras de teatro victorianas han sufrido cierto desinterés del público moderno quizá debido a que su encanto residía precisamente en su puesta en escena.[6] Ahora debemos acercarnos a estas obras con cautela, siempre recordando que la palabra escrita podía ser modificada al antojo de los actores y actrices cada noche, tergiversada y manipulada por el público y la prensa al día siguiente, y adaptada a otros géneros en otros teatros durante años. A pesar de todo, debemos seguir recuperando estas historias para poder entender la sociedad victoriana y, en definitiva, la historia de las mujeres.

[6] Afirma Marcus (2012: 442) que las obras victorianas estaban «diseñadas para que cobraran vida cuando se representaran, escucharan y vieran». Traducido del original: «they were designed to come alive when acted, heard and seen».

1. Esposas no normativas

El ángel del hogar victoriano sigue omnipresente en nuestras imaginaciones cuando pensamos en mujeres decimonónicas inglesas. Con la ideología de la separación de esferas y la diferenciación entre el espacio público (tradicionalmente un ámbito masculino) y el privado (uno femenino), tendemos a simplificar sobremanera la pluralidad de mujeres que habitaron el siglo XIX. En este capítulo hablaremos sobre la ideología doméstica victoriana tradicional, que se empeñaba en enclaustrar a las mujeres en el entorno tradicional hogareño y condenaba a las que se salían de la norma. ¿Qué ocurría con las mujeres que no cumplían con el ideal del ángel del hogar o que tenían dificultades para adecuarse a los patrones de género preestablecidos por una sociedad heteropatriarcal? Si estamos cansados de encontrarnos con el ideal femenino en la representación de la cultura popular decimonónica, ¿es posible encontrar también la alternativa? Tras esclarecer en qué consistía la ideología doméstica del siglo XIX en Inglaterra, analizaremos al personaje protagonista de *The Colleen Bawn*, de Dion Boucicault. El personaje de Eily O'Connor, una joven esposa no normativa, nos permitirá volver a revisar el manido estereotipo del ángel del hogar

victoriano, esta vez desde la perspectiva del naufragio de
la esposa no normativa. Como veremos, Eily representa
a aquellas mujeres que, a pesar de todos sus esfuerzos
por encajar en el restrictivo rol de «esposa», seguían sin
encontrar su sitio.

1.1. La ideología doméstica victoriana

Decía Ruskin que

> el poder de la mujer es para gobernar, no para luchar, y
> su intelecto no es para inventar o crear, sino para orde-
> nar, disponer y decidir dulcemente [...] Su función es la
> alabanza. Por su labor y lugar, ella está protegida de todo
> peligro y tentación [...] El hombre, en su duro trabajo
> por el mundo, debe enfrentarse a todo peligro y prueba;
> [...] él protege a la mujer de todo esto; dentro de su casa,
> que está gobernada por ella, a menos que ella misma lo
> haya buscado, no necesita entrar ningún peligro, ninguna
> tentación, ninguna causa de error u ofensa. [...] Esta es
> la verdadera naturaleza del hogar: es el lugar apacible,
> el refugio, no solo de toda injuria, sino de todo miedo,
> duda y discordia [...] Y allá donde vaya una verdadera
> esposa, el hogar estará siempre a su alrededor ([1865]
> 1902: 21-22).[1]

---

[1] «the woman's power is for rule not battle —and her intellect is
not for invention or creation, but for sweet ordering, arrangement
and decision... Her function is praise. By her office and place she is
protected from all danger and temptation [...] The man, in his rough
work in open world, must encounter all peril and trial; [...] he guards
the woman from all this; within his house, as ruled by her, unless she

En este discurso, que originalmente se publicó en 1865, Ruskin reflexiona sobre el lugar y la «naturaleza» de las mujeres, ligándolas al hogar y posicionándolas como seres dulces a salvo de todo peligro gracias a la protección de los hombres. Este texto refleja perfectamente la ideología de la época con respecto a la identidad y la posición sumisa de las mujeres decimonónicas, lo que Hall ([1992] 2013) denomina «ideología doméstica». Bajo este pretexto, como podemos observar en el texto de Ruskin, se establecen unos límites (físicos y metafóricos) para la existencia de las mujeres, relegándolas a las tareas del hogar y el cuidado de la familia y desalentándolas en sus inquietudes fuera de los márgenes. Su posición como seres piadosos y sumisos las hacía guardianas de la moralidad familiar. Como es de esperar, esta ideología estaba vinculada al ideario evangélico que distinguía entre el hogar (cálido y resguardado) y el exterior (hostil y peligroso).[2]

Que Ruskin hable sobre la virtuosidad y posición de las mujeres no es casualidad; a mediados del siglo XIX, en Inglaterra y en Estados Unidos estaba en boca de todos la *woman question* o «cuestión femenina», que ya había dado que hablar desde finales del siglo XVIII gracias a textos tan reconocidos como *Vindication of the Rights of Women* (1792), de Mary Wollstonecraft. Wollstonecraft

---

herself has sought it, need enter no danger, no temptation, no cause of error or offence. This is the true nature of home —it is the place of Peace, the shelter, not only from all injury, but from all terror, doubt and division [...] And whenever a true wife comes, the home is always round her» (Ruskin, 1902: 21-22).

[2] Hall (1998, 2013) explora en detalle la ideología doméstica y las distinciones de género durante el siglo XIX.

y sus coetáneas, miembros ilustres de la primera ola del feminismo, ya empezaron a cuestionar los límites espaciales e ideológicos impuestos a las mujeres y, principalmente, abogaron por una mejora en la educación que se les ofrecía. Años después, durante la década de 1860, esta y otras iniciativas cobraron fuerza de la mano de grupos feministas modernos como el Langham Place Group. Este grupo, liderado por Barbara Leigh Smith Bodichon y Bessie Rayner Parkes, abogó además por temas candentes relacionados con la situación de las mujeres, entre ellas las oportunidades de empleo, cuestiones de seguridad económica y la reforma de las leyes matrimoniales para dar más recursos y derechos sobre sus propios ingresos o propiedades a las mujeres casadas.[3] Entre otras pequeñas victorias de mediados de siglo, podemos encontrar el Matrimonial Causes Act de 1857, que introdujo por primera vez el divorcio, la fundación de la Society for Promoting the Employment of Women (SPEW) en 1859, y el Married Women's Property Act en 1870.

Sin embargo, a pesar de todos los avances legales y sociales, la visión predominante sobre el rol de las mujeres durante mediados del siglo XIX seguía siendo tradicional y bastante restrictiva. Así lo reflejaba un artículo publicado en el *Illustrated Times* en octubre de 1865, afirmando que:

> Una dama puede ser capaz de tocar un instrumento, cantar, dibujar, bailar, y vestirse a la perfección; pero si es incapaz de gobernar sabia y discretamente una casa,

---

[3] Véanse Hirsch (1999) y Lacey (1987) para más información sobre Barbara Leigh Smith Bodichon y el Langham Place Group.

infaliblemente fracasará en hacer agradable el hogar de su marido.

De esta manera, el artículo incidía en el camino vital que todas las mujeres debían tomar:

> La gran misión de la mujer es hacer la vida agradable: primero, cuidando de nosotros en la infancia, y después, velando por la comodidad y el ornato del hogar. [...] La mujer fue concebida por la naturaleza para ser esposa y madre, y está obligada a estudiar los gustos del hombre (*Illustrated Times*, 7 octubre 1865: 214).[4]

Siguiendo el idealizado «ángel del hogar» que tanto había alabado Coventry Patmore en su poema homónimo de 1854-1863, el ideario decimonónico clasificaba a las mujeres (deseables) de sumisas, obedientes, abnegadas y de una pureza desproporcionada. «The Angel in the House», de Coventry Patmore, se publicó por primera vez en 1854, pero fue reeditado en 1863, justo cuando el debate sobre los derechos de las mujeres cobraba más fuerza. La *woman question* que se ha mencionado anteriormente amenazaba

---

[4] «A lady may be able to play, and sing, and draw, and dance, and dress to perfection; but if she be incapable of wisely and discreetly governing a household, she must infallibly fail in rendering her husband's home agreeable. [...] Woman's great mission is to make life pleasant: first, by watching over us in childhood, and afterwards in seeing to the comfort as well as adornment of the home circle. [...] Women were designed by nature for wives and mothers, and are bound to study the tastes of men [...] men, after marriage, will become in a large degree dissatisfied if their personal comfort is neglected and if their children are badly reared».

con hacer sombra al impuesto y tradicional ideal femenino. Es durante este periodo convulso cuando también se empieza a reforzar la «misión de la mujer» tradicional. El pintor George Elgar Hicks consiguió plasmar en su tríptico *Woman's Mission* (*La misión de la mujer*) este camino vital de las mujeres. Como ilustran sus cuadros, primero, las mujeres debían ser las «guías de los niños» («Guide of Childhood», Hicks, 1862-3); después, las «compañeras del hombre» («Companion of Mandhood», Hicks, 1863) y, finalmente, el «consuelo en la vejez» («Confort of Old Age», Hicks, 1862). Este tríptico nos muestra tres escenas diferentes en la vida de la misma mujer: primero, acompañando a un niño y ejerciendo su rol de madre dedicada, abriéndole paso entre la maleza del bosque. Segundo, reconfortando a su marido apenado, sosteniéndolo con su propio cuerpo y fundiéndose prácticamente en una misma figura. Finalmente, como el consuelo en la vejez, la mujer atiende a su padre (o suegro) moribundo y encamado. Son, en definitiva, escenas idealizadas de la vida doméstica inglesa decimonónica que visibilizaban la encorsetada definición de *mujer* en el XIX.[5]

Así pues, este discurso tradicionalista seguía confinando a las mujeres en un destino único y restringido, y estigmatizaba a las que se desviaban de dicho ideal. Con todo, y como también estudiaremos en el capítulo dedicado a las viudas victorianas, el matrimonio sí estaba dentro de lo deseado para muchas mujeres; según explica Perkin,

---

[5] Kendall Smaling Wood (2014) analiza en profundidad el tríptico de Hicks y pormenoriza las implicaciones de la representación del ideal doméstico en el arte decimonónico.

la libertad es un concepto relativo, y para la mayoría de las mujeres [decimonónicas], el matrimonio significaba la liberación de una dependencia infantil y humillante del hogar paterno, la posibilidad de compartir en términos desiguales la creación de un hogar y una familia propios y [...] una mayor libertad para salir y hacer amigos por separado, incluso a veces del sexo opuesto (1989: 3).

De esta manera, el matrimonio también tenía una función liberadora para algunas mujeres, que podían sentirse quizá con algo más de autonomía e importancia en el mundo gracias a su rol de esposas. Dado que la sociedad ligaba casi de manera exclusiva la identidad femenina con el matrimonio y la domesticidad, las mujeres que permanecían fuera de este orden quedaban relegadas a un naufragio social. Como náufragas, perdían todo el control sobre su estatus y se convertían en figuras desplazadas del orden simbólico y jerárquico, sin un lugar claro. El hogar, supuesto refugio y lugar seguro, se convertía en un espacio vacío. Sin maridos, ni hijos, ni hogar, las mujeres quedaban suspendidas en un limbo social y legal. A veces, como veremos a continuación, esto podía ocurrir incluso después del matrimonio.

Un buen ejemplo literario de la náufraga social tras el matrimonio es Eily O'Connor, en *The Colleen Bawn* (1860), una obra del autor irlandés Dion Boucicault. En esta obra, Eily, una joven católica de clase baja, contrae matrimonio en secreto con Hardress Cregan, un terrateniente angloir- landés. Sin embargo, al no poder reconocer su matrimonio de manera pública, Hardress la oculta, relegándola a un espacio liminal entre esposa legítima y amante clandestina. Privada de un reconocimiento social y de la protección legal que bien le pertenecía por su estatus de esposa, Eily queda al margen de las esferas que eran aceptables para una mujer. Como analizaremos en las siguientes secciones, la historia de *The Colleen Bawn* no solo dramatiza los riesgos de transgredir los límites impuestos por la rígida sociedad decimonónica (límites de clase, religión y género), sino que también ejemplariza cómo la legislación matrimonial y la moralidad dominante podían hacer que mujeres reales y ficticias quedaran a la deriva. En este naufragio simbólico, Eily encarna a la *submerged woman*: silenciada, desplazada y hundida bajo las exigencias de una feminidad normativa que no reconoce su existencia.

1.2. Dion Boucicault y *The Colleen Bawn* (1860)

La obra *The Colleen Bawn; or The Brides of Garryowen* (1860) se representó por primera vez en el Laura Keene's Theatre, en Nueva York, la noche del 27 de marzo de 1860. Debido al éxito de asistencia, su producción se mantuvo hasta el fin de la temporada, el 12 de mayo.[6] Después del verano, Boucicault llevó la obra al West End londinense, más concretamente al Adelphi Theatre, donde hizo historia al ser la obra más longeva hasta el momento, con un total de 230 representaciones (McWilliam, 2020: 168). Su recorrido no paró ahí: también se llevó al Theatre Royal, en Dublín. Para la historia, Boucicault adaptó la novela *The Collegians* del autor irlandés Gerald Griffin (1843) —según él, solo le costó cinco días hacerlo—.

---

[6] Thomson (1984).

Es importante prestar atención a los teatros escogidos por Boucicault para la representación de su obra. En su estreno en Nueva York, Boucicault supo aprovechar la popularidad de Laura Keene, la gerente del teatro. Ella misma había sido pionera como mujer dedicada a la gestión teatral a mediados de siglo XIX y, si bien no era americana (nació en Inglaterra), supo captar la atención del público americano. Aunque Keene no fue la primera *womanager* (T. Davis, 2000) —durante la época, cada vez más mujeres tomaban las riendas de la gestión teatral, a ambos lados del Atlántico—, sí fue una de las gerentes teatrales más reconocibles del teatro americano. Y no es para menos; pocas mujeres le ponían su nombre a los teatros que regentaban.

Como sí era habitual entre las gerentes teatrales, Keene había sido actriz antes de reconvertirse en *manager*. Conocía bien el mundo del teatro (tanto inglés como americano), las preocupaciones salariales de los actores y las actrices y las historias que interesaban al público gracias a sus años como actriz. Así, utilizó las herramientas que tenía para llamar la atención en Nueva York: ofreció mejoras salariales y de condiciones a los actores y las actrices que estaban descontentos con sus contratos en otros teatros, gastó una fortuna en publicitar su propio teatro en los mejores periódicos de la ciudad y explotó su condición de mujer para defenderse de las puyas de sus competidores masculinos. Como dice Curry,

> adoptó una imagen pública aceptablemente femenina como estrategia para desviar las críticas. Dado que la prensa y el público estaban preocupados por su género, Keene intentó no restar importancia a su diferencia

con los hombres, sino utilizarla en su propio beneficio (1994: 57).[7]

Sin embargo, a pesar de tal fachada de mujer tradicional, sus actos en realidad eran más representativos de las temidas nuevas mujeres de la época —un crítico del *New York Evening Express* calificó su negocio de «ataque amazónico» (22 de diciembre de 1855: 4)—. Las obras que elegía para su teatro estaban predominantemente dirigidas al público femenino de clase media, ya que el argumento solía ser de tinte melodramático e incluían protagonistas femeninas algo más complicadas de lo habitual. Así pues, aunque ella misma utilizara la definición tradicional de *mujer* como escudo contra las críticas que la tildaban de inmoral y de transgresora, el repertorio de su teatro demuestra que no estaba interesada en continuar perpetuando estereotipos simplistas de lo que significaba ser mujer durante la época. Por ejemplo, además de *The Colleen Bawn*, en el Laura Keene's Theatre se representaron obras como *Jeanie Deans* (1860), también de Boucicault, y *Jenny Lind* (1860), de Joseph Jefferson. En ambas obras la trama gira en torno a una protagonista femenina que tomaba inspiración en la vida real. Jeanie Deans era el nombre de un personaje de sir Walter Scott, quien, a su vez, se inspiró en Helen Walker, una mujer que luchó por salvar a su hermana de una acusación errónea. Por

---

[7] «she adopted an acceptably ladylike public persona as a strategy for deflecting criticism. Because the press and the public were concerned with her gender, Keene attempted not to down play her difference from the men, but to use the difference to her advantage».

otro lado, Jenny Lind, el «ruiseñor sueco», fue una famosa soprano de la época que fue de gira por el mundo (en América, lo hizo con P. T. Barnum) (Biddlecombe, 2003). La elección de estas obras parece bastante coherente con la ideología y propósitos de la gerente Laura Keene, ya que ambas destacan por recuperar la historia de mujeres que existieron en realidad.[8]

Cuando *The Colleen Bawn* se puso en marcha en Londres, después del verano, Boucicault se decantó por el Adelphi Theatre, uno de los teatros más prominentes del West End londinense. Allí, la obra se convirtió en un gran éxito, e incluso la propia reina Victoria asistió tres veces a verla (Schoch, 2004: 70). La reputación del teatro jugó un gran papel en la popularización de la historia; desde la década de 1850, gracias al control de Benjamin Webster y de Céline Céleste (comúnmente conocida como Madame Celeste), el Adelphi Theatre había ganado adeptos gracias a la amplia oferta de melodramas que ofrecía. En la década posterior de 1860, el *Adelphi melodrama* era ya todo un reclamo: los espectadores y espectadoras sabían que, de asistir a una de sus representaciones, presenciarían un espectáculo emocionante, con grandes efectos escenográficos y un final conmovedor (Rowell, 1987: 5). Más tarde, Boucicault consiguió llevar la obra a casa, estrenándola en Dublín por primera vez en el Theatre Royal el 1 de abril de 1861. Los propios Dion Boucicault y su mujer, Agnes (Robertson, de soltera) Boucicault, protagonizaron una

---

[8] Laura Keene también había interpretado a muchos personajes femeninos de la historia de la literatura. Entre otras, interpretó a Miranda en *La Tempestad*, de William Shakespeare.

vez más la pieza. Era un momento especial tanto para la obra como para el dramaturgo, ya que habían vuelto a casa. Sin embargo, en su análisis de la obra, la crítica de la época se centró en las tensiones existentes entre identidades angloirlandesas. Entre sus reivindicaciones, sobresale la afirmación de que *The Colleen Bawn* se había convertido en una de las mejores (y más veraces) obras sobre el carácter del campesino irlandés. Asimismo, según la crítica, Boucicault había conseguido ensalzar el honor y la integridad de los irlandeses, cualidades muchas veces olvidadas por el público del momento (Brown, 2015: 21; *Irish Times*, 1 de abril de 1861). Boucicault había conseguido dejar atrás el estereotipo degradante del *stage Irishman* (el irlandés borracho, violento e ignorante que poblaba el imaginario colectivo) y había convertido a sus personajes en héroes ingeniosos y profundamente humanos.[9]

La obra tuvo tal éxito que siguió siendo adaptada y representada en otros géneros y teatros. Uno de los indicadores más claros de la popularidad de *The Colleen Bawn* (y, sobre todo, del personaje de Eily O'Connor) es su constante representación en el teatro burlesco, un género plagado de referencias a la cultura popular y de dobles sentidos, con un tono satírico y de humor. El principal ejemplo es la versión titulada *Miss Eily O'Connor*, de Henry James Byron, que se estrenó en el Drury Lane Theatre de Londres el 25 de noviembre de 1861. En este *burlesque*, el papel protagonista fue interpretado por un hombre, siguiendo las convenciones del género burlesco

---

[9] Maureen Waters (1984) explica con detalle todo lo referente al *stage Irishman* y su rol como personaje estereotípico en el teatro.

y sus *transvestite roles* o travestismo. Schoch (2018: 7-8) identifica otras versiones burlescas, un género muy dado a apropiarse de lo que estaba de moda; entre ellas, *The Colleen Bawn Settled at Last* (Halliday, Lyceum, 1862) y *The Cooleen Bawn* de Dutnall (1861). También se adaptó la historia en la ópera *The Lily of Killarney*, de Julius Benedict (Covent Garden Theatre, Londres, 10 de febrero de 1862). Benedict resuelve la historia igual que Boucicault: Eily sobrevive al incidente del lago gracias a la ayuda de Myles na Coppaleen e impide la boda de su marido con Anne Shute.

The Colleen Bawn está considerada como la primera *Irish play* de Boucicault y el inicio de su periodo más provechoso como autor (McFeely, 2012).[10] También se considera la primera *sensation play* u «obra de sensaciones» (Eltis, 2013: 66).[11] Este tipo de obras (similares a las más reconocidas *sensation novels* o «novelas de sensaciones») solían incluir temas potentes relacionados con cuestiones de género, identidad, sexualidad y jerarquía social. Principalmente, se trataba de historias con tramas muy melodramáticas, que giraban generalmente en torno a historias de mujeres y evocaban emociones intensas a través de escenas impactantes (rescates al límite, crímenes horrendos, apariciones espectrales…). Boucicault fue pionero en el *sensation*

---

[10] No es de extrañar que, debido a su éxito transnacional, Boucicault continuara la línea de inspiración en sus siguientes creaciones: *Arrah-na-Pogue* (1864) y *The Shaughraun* (1874).

[11] Sin embargo, en su antología *Sensation Drama*, Hofer-Robinson destaca *Never Too Late to Mend*, de C. H. Hazlewood, como la primera obra de sensaciones. Esta fue puesta en escena en el Royal Marylebone Theatre de Londres en 1859.

drama, primero con *The Poor of New York* (1857), luego con *Jessie Brown* (1858) y después con *The Octoroon* (1859) (Eltis, 2013: 66). Estas, al igual que las demás obras del género, surgieron a mitad del siglo XIX, y su éxito dependió sobre todo de la respuesta somática por parte del público; en otras palabras, obligaban al espectador a compartir espacio con situaciones (y personajes) que, de otro modo, quedaban *out of bounds* o «fuera de los límites» que ellos y ellas conocían. Como indican Hofer-Robinson y Palmer (2019: xiv),

> «fuera de los límites» puede referirse a un espacio al que el público no suele tener acceso, como una prisión o una sala de tribunal, o puede referirse a un evento fuera de los límites morales, como un asesinato o un secuestro en el escenario. Se suponía que la verosimilitud de estas escenas reduciría la distancia percibida entre el público y lo que estaba «fuera de los límites».[12]

Este cruce entre lo espacial y lo ético podía llevar al espectador a un tipo de voyerismo teatral, haciéndole partícipe de experiencias muy alejadas de las suyas propias y transgrediendo también los límites entre lo correcto y lo incorrecto, lo aceptable e inaceptable; en definitiva, permitía que cada noche los espectadores pudieran reflexionar sobre lo que conocían a través de historias descabelladas

---

[12] «'out of bounds' might refer to a space the audience would not usually have access to, like a prison or courtroom, or it might refer to an event outside moral boundaries, like an on-stage murder or abduction. The verisimilitude of these scenes was supposed to reduce the perceived distance between the audience and the 'out of bounds?'».

(pero posibles, al fin y al cabo). De igual manera, la noción del *out of bounds* se podría relacionar especialmente con nuestra acepción de *naufragio* cuando la aplicamos a las historias de los personajes femeninos en las *sensation plays*. Son mujeres cuyas historias están fuera de los límites y que cuentan un relato de exclusión. Para que ocurra el naufragio, tal y como lo entendemos en este volumen, primero debe haber una sensación de estar *out of bounds*, es decir, que se cruzan fronteras que la sociedad impone y se pierde el rumbo.

Como se ha mencionado anteriormente, las *sensation plays* solían incluir personajes femeninos protagonistas (las llamadas *sensation heroines*), mujeres que se dejaban llevar por sus impulsos más *innaturales* según la ideología tradicional (esto es, que cruzaban sus límites), y con un deseo (generalmente sexual) degenerado que las llevaba en la mayoría de las ocasiones a la ruina o a situaciones de peligro extremo. Es complicado separar las historias reales de lo mediado por la ficción en las identidades estereotipadas de las *sensation plays*, aunque sí hay un elevado número de obras de sensaciones que encontraban inspiración en sucesos reales (entre ellas, la propia *The Colleen Bawn*, como explicaremos en la siguiente subsección). Este deseo de seguir contando historias de mujeres (algo exageradas, a veces, en aras de la espectacularidad) nos demuestra que sí existían intentos de escapar de una identidad femenina prefijada, la de la *true woman* o «mujer de verdad» (abanderada de la causa de la ideología doméstica tradicional). En definitiva, la *sensation heroine* desafiaba en su naufragio la clasificación simplista de las mujeres del XIX: ángel / mujer caída (*fallen*), y daba voz a aquellas náufragas dejadas a su suerte.[13]

En la siguiente subsección analizaremos el papel de Eily O'Connor como *sensation heroine* y náufraga social, pues no termina de encajar en el rol encorsetado de ángel del hogar. Como veremos, gracias a las características del género del *sensation drama*, el público logra identificarse emocionalmente con ella, una mujer marginalizada debido a su género, su clase y su situación legal, haciendo patente el acercamiento y traspaso de los límites.

1.3. Eily O'Connor: ¿un ángel del hogar?

El título *The Colleen Bawn* —que hace alusión a la protagonista, Eily O'Connor— es una adaptación al inglés de la expresión irlandesa *cailín bán*, que significa «chica blanca», o más bien «chica pura», «chica inocente» (McFeely, 2012: 17). Es evidente la referencia del título a la pureza de la mujer protagonista (el uso del color blanco como símbolo de pureza o candor). Como se ha mencionado anteriormente, la obra se inspira en la novela *The Collegians*, que, a su vez, se basa en un suceso real que ocurrió en 1819 cerca de Bruff, Irlanda, en el que la joven Ellen Hanley, de apenas quince años, apareció muerta a orillas del río. La prensa se hizo eco del suceso y se averiguó que la joven, tremendamente bella, pero de origen modesto, se

---

[13] Consúltese también Newey (1997), Pykett ([1994] 2011) y Radcliffe (2009) para más información sobre la conexión entre las historias representadas en las *sensation plays*, el melodrama y la realidad.

había fugado y casado con un hombre de clase alta, John Scanlan. Poco después de su furtiva boda, John se había arrepentido y, junto con su criado, había planeado y cometido su asesinato. Esta fue la trama que Boucicault decidió adaptar en su obra; sin embargo, sobre el escenario, Boucicault le dio un final feliz a la protagonista. En *The Colleen Bawn* conocemos la historia de la joven Eily O'Connor, una campesina que ha contraído matrimonio en secreto con Hardress Cregan, un hombre de familia noble. Dado que la familia Cregan se enfrenta a problemas financieros, Hardress se ve presionado por su madre para casarse con Anne Chute, una rica heredera. Ya que Hardress no es capaz de sobrellevar su doble vida (ni de admitir que se ha casado con una mujer de origen humilde), para poder casarse con Anne Chute, permite que Danny Mann, su sirviente, intente matar a Eily ahogándola en el lago una noche. Sin embargo, su plan fracasa al intervenir Myles na Coppaleen, un viejo pretendiente de Eily. Cuando la verdad sale a la luz al final de la obra, el matrimonio queda reinstituido, esta vez con una plena aceptación de la naturaleza de la protagonista por parte del resto de los personajes y con la restauración del nombre y el estatus de la familia Cregan.

Los principales rasgos que destacan en Eily son su sencillez y origen campesino, su inocencia emocional y vulnerabilidad, su confianza ingenua y, por encima de todo, su devoción por su marido y su sufrimiento. Para enfatizar su humildad, su vestuario contrasta con el de la protagonista más adinerada, la heredera Anne Chute (que viste ropas con ribetes dorados y muselinas bordadas). El aspecto de Eily se describe como sencillo y rústico, y viste con «enaguas en azul de merino, corpiño y faldas de chintz con pliegues, mangas cortas, medias azules, el cabello en un recogido sencillo, con capa de capucha roja» (Boucicault, 1860: 1).[14] El resto de los personajes se refieren a ella como «¡una campesina, una mendiga vulgar y descalza!» (Mrs. Cregan, la madre de Hardress) y de «modales torpes [...] acento de Kerry, [...] desconocedora de las costumbres sociales» (el propio Hardress, su marido).[15] Es precisamente el origen irlandés de Eily lo que parece separarla del resto de los personajes «respetables» de la historia. Para el público inglés, Eily podía personificar los prejuicios de la época hacia las mujeres irlandesas. En un contexto en el que el culto a la domesticidad promovía una imagen muy idealizada de lo que significaba la vida en el hogar y la maternidad, las mujeres irlandesas eran objeto de un desprecio social ya que se pensaba que carecían de habilidades domésticas (MacRaild, 2010: 147-8). Como nos dice McFeely,

> como irlandesa, Eily tampoco se distingue visiblemente de sus superiores sociales, los angloirlandeses Cregan, pero sí por su clase y su lengua. Boltwood, sin embargo, sostiene que Eily y Hardress Cregan se distinguen entre sí, ante todo, por la raza. Afirma que, al escribir *The Colleen Bawn*, Boucicault representaba a Irlanda dividida

---

[14] «Blue merino petticoat, chintz tuck-up body and skirts, short sleeves, blue stockings, hair plain, with neat comb, red cloak, and hood».

[15] «a peasant girl –a vulgar, barefooted beggar!», «awkward manners, [...] Kerry brogue, [...] ignorance of the usages of society».

entre dos razas irreconciliables, los celtas irlandeses y los sajones ingleses.[16]

Esta división entre identidades culturales (la élite angloirlandesa y el pueblo irlandés campesino, de religión católica), se manifiesta a través de los personajes de la obra. Eily representa a ese grupo de campesinos católicos, pobres y tradicionales, pero también «puros» de corazón (de ahí la expresión «muchacha blanca» o *cailín bán*). De esta manera, su propia relación con Hardress y su deseo por cambiar se pueden considerar también un intento de domesticación (o de dominación):

EILY: […] él (Hardress) está orgulloso de mí. Solo cuando hablo como la gente pobre y digo o hago algo incorrecto, él se siente dolido; pero estoy quitándome el acento y aprendiendo a no hacer nada —voy a cambiar por completo.[17]

Igualmente, aunque tradicionalmente se ha interpretado a Eily como representante de la división entre

---

[16] «As an Irishwoman, Eily is also not visibly marked out from her social superiors, the Anglo-Irish Cregans, but is clearly distinguished from them by her class and her language. Boltwood, however, argues that Eily and Hardress Cregan are distinguished from each other, first and foremost, by race. He claims that in writing The Colleen Bawn, Boucicault was depicting Ireland as divided between two irreconcilable races, the Irish Celts and the English Saxons» (McFeely, 2012: 17).

[17] «he's proud of me. It's only when I spake like the poor people, and say or do anything wrong, that he's hurt; but I'm getting' clane of the brogue, and learnin' to do nothing –I'm to be changed entirely».

irlandeses e ingleses y se ha hablado sobre cómo su matrimonio prohibido fue un símbolo de esta falta de aceptación de la cultura y costumbres irlandesas, también podemos discernir en su relación con Hardress, su marido, un tipo de naufragio social según lo hemos entendido en la introducción de este volumen: Eily nos muestra constantemente esa sensación de alienación, incomodidad y exclusión tan característica de los protagonistas en historias de naufragios.[18] Pese a la clara devoción de Eily por su marido, su comportamiento y su «corazón angelical», Eily no acaba de encajar en su rol de esposa, lo que evidencia esa «geografía oculta» (Kaplan, 1996) que organiza nuestros sistemas sociales.[19] Los personajes utilizan constantemente el adjetivo «ángel» para referirse a ella, y la describen como un ser casi sobrenatural, más cercano al cielo que a la tierra:

> DANNY: No hay espejo capaz de hacerle justicia; y si San Patricio quisiera una esposa, ¿dónde encontraría un ángel que se comparara con la *Colleen Bawn*? Mientras la llevo en bote por el lago, los pececitos se acercan para mirarla, y un aire celestial le alborota el cabello para ver qué demonios hace aquí abajo.[20]

---

[18] Para el rol de Eily O'Connor como símbolo de *Irishness* (lo irlandés) o de la tensión entre irlandeses e ingleses, consúltese Allen Cave (1991) y McPeake (2001).

[19] «HARDRESS: [...] poor, beautiful, angel-hearted Eily» (Boucicault, 1860).

[20] «The looking-glass was never made that could do her justice; and if St. Patrick wanted a wife, where would he find an angel that 'ud compare with the Colleen Bawn. As I row her on the lake, the

Con todo, Eily sigue sin poder disfrutar de su rol como ángel del hogar y no puede aspirar a ese ideal doméstico debido a su origen. Lucha constantemente por hacerlo (quiere «quitarse el acento» y hablar como su marido le pide, está intentando cambiar sus costumbres por las que su marido le impone); aun así, su lugar sigue estando lejos de la casa de su marido. En el caso de Eily, el matrimonio no la salva del naufragio, ya que sigue sin encontrar su sitio. En vez de ser el ángel del hogar, Eily se ve relegada a una criatura similar a los búhos (Boucicault, 1860: 11), más propia de la noche (lo oculto) que de la luz del día (lo visible), y habita un espacio que no es respetable. En definitiva, todo apunta a que Eily está más cerca de la alteridad que del pedestal sagrado del ángel del hogar.

El público no conoce a Eily hasta la escena III, lo que le da un aire de misterio y excepcionalidad, ya que antes de verla todos los personajes la han descrito y han criticado su relación con Hardress. Eily parece ajena a todos los rumores, y todas las noches espera a que su marido vuelva a ella, lanzándole señales luminosas en su pequeña cabaña al otro lado del lago Killarney. Para poder reunirse, la pareja debe cruzar en bote esos lagos, lo que evidencia que, entre ellos, además de una distancia social, física y sentimental, existen otros impedimentos que dificultan la relación. Además, esta separación hace patente el desplazamiento de Eily: es una esposa escondida, alejada del hogar familiar, escondida en una cabaña lejos de la casa ancestral de su marido Hardress Cregan.

---

little fishes come up to look at her, and the wind from heaven lifts her hair to see what the divil brings her down here at all».

Cuando vemos a Eily por primera vez en el escenario, llama la atención que no está acompañada por su marido, sino por un sacerdote (el padre Tom), lo que para el público inglés inmediatamente la marcaría como diferente. En la pequeña cabaña, Eily ejerce de anfitriona para el padre Tom y para otros personajes irlandeses (Sheelah, criada de Hardress, y Myles Na Coppaleen, antiguo pretendiente de Eily), que le intentan hacer ver que su marido se avergüenza de ella. Cuando Hardress llega de repente, Eily corre para echar a sus visitantes, asustada por lo que dirá su marido. Él la interroga al llegar:

HARD.:   […] ¿qué te pasa? Estás temblando como un pájaro atrapado.

EILY: ¿Lo estoy, *mavou*? No, quiero decir… ¿estoy temblando, querido?

HARD.:   […] este lugar huele como una taberna clandestina. ¿Quién ha estado aquí?

EILY: Estaba el padre Tom, y Myles se pasó por aquí.

HARD.:   Qué buena compañía para mi mujer, un vagabundo.

EILY: Ah, ¿y quién lo convirtió en eso, sino yo, querido? Antes de conocerte, Hardress, Myles me cortejaba y yo lo tenía en buena estima.

HARD.:   Maldita sea, Eily, ¿por qué me recuerdas que mi mujer estuvo alguna vez en tal posición?

EILY: No volveré a verlo. Si estás enfadado, querido, le diré que se vaya y así lo hará, porque el pobre chico me quiere.

HARD.:   Sí, ¿más que yo, quieres decir?[21]

---

[21] «Hard [L. C.] Don't call me by those confounded Irish words— what's the matter? you're trembling like a bird caught in a trap. /Eily

Como este diálogo sugiere, Eily tiene que esforzarse por cumplir con el comportamiento esperado de una esposa respetable. Temblando, enjaulada como un «pájaro atrapado», y diciendo siempre las palabras equivocadas, Eily es un recordatorio constante para Hardress de que su mujer está por debajo de él, especialmente por su falta de estatus.[22] Cuando Hardress le confiesa a Eily la situación de bancarrota en la que su familia se encuentra, ella en seguida le propone seguir oculta para no perjudicarle y no ofender a su madre, ofreciéndose incluso a trabajar para ella en la casa señorial como criada, solo a cambio de «quedar(se) fuera y escuchar (su) voz».[23] De alguna manera, esto es precisamente lo que ya hace: quedarse en los límites, al borde (al otro lado del lago, en una cabaña), oculta, asumiendo un rol que no es para ella, a cambio de un amor que no se ve manifestado de manera recíproca. La manera que tiene Eily de amar a Hardress se puede

---

Am I, mavou—no I mean—is it tremblin' I am, dear? / Hard What a dreadful smell of tobacco there is here, and the fumes of whisky punch, too; the place smells like a shebeen. Who has been here? / Eily There was Father Tom, an' Myles dhropped in. / Hard Nice company for my wife—a vagabond. /Eily Ah! who made him so but me, dear? Before I saw you, Hardress, Myles coorted me, and I was kindly to the boy. / Hard Damn it, Eily, why will you remind me that my wife was ever in such a position? /Eily I won't see him again—if yer angry, dear, I'll tell him to go away, and he will, because the poor boy loves me. / Hard Yes, better than I do you mean?».

[22] «Hard. [*Aside.*] It is impossible! How can I present her as my wife? Oh! what an act of madness to tie myself to one so much beneath me—beautiful—good as she is—» (16).

[23] «Eily. […] I'll work for the smile ye'll give me in passing, and I'll be happy, if ye'll only let me stand outside and hear your voice» (16).

considerar «antisocial» (Gore, 2022: 133), ya que la empuja a estar fuera de lo aceptado socialmente. La relación de Hardress y Eily va en contra de las expectativas de su tiempo, especialmente en lo que a normas sociales y de clase se refiere.

Su rol de esposa sumisa pero rechazada demuestra una vez más que la devoción, la sumisión y la obediencia desmesurada (tan alabada en las esposas del momento) no eran suficientes para encajar. Sin embargo, Eily es capaz de persistir gracias al apoyo de la comunidad (sus amigos irlandeses, primero, al convencerla de que no destruya su certificado de matrimonio, y Anne Chute después, al reconocerla como a una igual). La resolución de la obra nos muestra que la supervivencia de Eily no depende tanto de su agencia (o la falta de ella), y que el estatus femenino no dependía enteramente de la verdad o de la justicia:

EILY: Solo soy una chica pobre y corriente, asustada de estar rodeada de tantos—
ANNE: Amigos, Eily, amigos.
EILY: Oh, ojalá poder pensar así —si me he podido ganar un pequeño rincón en sus corazones, no habrá una chica más feliz que la *Colleen Bawn*.[24]

Su existencia no tiene valor hasta que la sociedad así lo estima oportuno: cuando por fin se ve forzada a descubrir-

[24] «Eily. I'm only a poor simple girl, and it's frightened I am to be surrounded by so many— / Anne. Friends, Eily, friends. / Eily. Oh, if I could think so—if I could hope that I had established myself in a little corner of their hearts, there wouldn't be a happier girl alive than *The Colleen Bawn*» (42).

se, a ser nombrada, reconocida como esposa, y protegida por otros. En otras palabras, Eily solo puede ser ángel del hogar cuando los demás le permiten ocupar ese espacio. Como hemos visto, Eily es inocente, leal y abnegada, no muestra ambición más allá de estar cerca del hombre al que ama. Sin embargo, hay algo en ella que hace que los demás la rechacen:

EILY: Todo el mundo quiere quererme, pero hay algo que les echa para atrás.[25]

Que su virtuosidad e innegables cualidades para ser «el ángel del hogar» no sean suficientes para colocarla en tal posición es una muestra más de la hipocresía social del XIX. A continuación, exploraremos el poderoso simbolismo de Eily como «mujer sumergida» en la *sensation scene* más emblemática de *The Colleen Bawn*: «la escena de la cueva».

1.4. Eily O'Connor: la escena de la cueva y la mujer sumergida

El escenario está cubierto de gasas de color azul, imitando el agua cristalina de un lago. Entre ellas se erigen algunas rocas. Las luces de calcio o *limelights* colgadas en lo alto del escenario recuerdan a la luz de la luna en una noche despejada. Al fondo, se ve un precioso mural que ilustra una cueva y un lago. Así empieza la escena VI

---

[25] «Eily. [...] everybody wants to love me, but there's something spoils them off» (23).

de *The Colleen Bawn* (1860), de Dion Boucicault, obra clave del melodrama inglés de mediados del siglo XIX. Popularmente conocida como *the cave scene* o «la escena de la cueva», este momento resulta imprescindible para entender el atractivo que el género melodramático tenía para el público victoriano —y para descubrir un poco más sobre la representación de mujeres «descolocadas» según el ideario decimonónico—.

Solo tres personajes aparecen en «la escena de la cueva», por lo que son el decorado y los efectos los que cobran protagonismo. También Eily O'Connor, el personaje principal femenino. Bajo la luz tenue de la luna, la vemos llegar a bordo de un bote, acompañando a Danny, el criado de su marido. Eily se muestra asustada —y no es para menos; anteriormente en la obra, se ha dicho que en esa cueva habitan seres sobrenaturales y ocurren sucesos extraños—. Danny trata a Eily con rudeza, obligándola a apearse del bote y a posicionarse sobre una roca; inmediatamente después, él la sigue, bajándose del barco. Sobre la roca, en medio del lago, Danny la tiene acorralada, la sujeta, y le exige que le entregue el certificado de matrimonio que esconde debajo de su blusa. Eily se niega. El siguiente intercambio muestra el punto álgido de la escena (lo que podríamos considerar una *sensation scene*), en el que se evidencia el rol de Eily como «mujer sumergida»:

> EILY: […] Mientras viva, soy su esposa.
> *[Cambia la música]*
> DANNY: Entonces, has vivido demasiado. Llévate tus promesas matrimoniales al fondo del lago.
> *[La empuja de la roca hacia atrás, al agua, I.C., con un grito; ella reaparece, aferrándose a la roca]*

EILY: ¡No! ¡Sálvame! ¡No me mates! No, Danny, haré
             lo que sea—déjame vivir.
DANNY: Él te quiere muerta.
                                                    [La empuja]
EILY: ¡Oh, cielos! ¡Ayúdame! Danny—Dan—
                                                    [Se hunde]
DANNY: *[mirando hacia abajo]* Lo he hecho—se ha ido
             (Boucicault, 1860: 28).[26]

Utilizamos aquí la expresión «mujer sumergida» o
submerged woman, en inglés, siguiendo el trabajo de Smyth
(2022), quien habla sobre esta potente imagen como
elemento de gran impacto para los espectadores y espectadoras del siglo XIX. Según nos dice la autora, la imagen
de la mujer sumergida tiene la capacidad de manipular y
emocionar al que la ve. Smyth ya identifica la escena de
la cueva, la principal escena de *The Colleen Bawn*, como
clave para entender la influencia de esta imagen de la
mujer sumergida durante el periodo decimonónico. De
esta manera, podemos interpretar de múltiples formas
la relación entre el agua, el ahogamiento y las mujeres.
Como mencionan Anderson (1980), Gates (1988) y Smyth
(2022), existe una constante asociación entre las mujeres y
el agua, quizá debido a la influencia de los numerosos casos

---

[26] «EILY: […] while I live, I'm his wife *[Music changes]* / DANNY:
Then, you've lived too long. Take your marriage lines wid ye to the
bottom of the lake. *[He throws her from rock backwards into the water,
L. C., with a cry; she reappears, clinging to rock.]* / EILY: No! save me!
Don't kill me! Don't, Danny, I'll do anything—only let me live. /
DANNY: He wants ye dead. *[Pushes her off]* / EILY: Oh, heaven!
Help me! Danny—Dan— *[Sinks]* / DANNY: *[Looking down]* I've
done it—she's gone».

de ahogamiento de mujeres en el XIX. Según indican los informes de la época, había una gran incidencia de suicidios femeninos por ahogamiento, lo que a su vez perpetuó dicha asociación. No obstante, muchos casos de suicidio por ahogamiento en mujeres eran simplemente registrados como «hallada ahogada», o *found drowned*, para evitar así ponerle nombre a una tendencia preocupante (y salvaguardar la reputación de sus familias). Como afirma Deacon (2015: 7-9), se evitaba clasificar este tipo de muerte como suicidio para así preservar la buena imagen de las familias de las víctimas; el suicidio, al fin y al cabo, era considerado el resultado de una mala gestión familiar o de problemas en el seno del hogar.

Así pues, cuando se utilizaba la tan manida imagen de la mujer sumergida en el arte o en la literatura, era de esperar que el público victoriano tuviera presente esa lacra y que considerara a la mujer en cuestión como díscola. Como ejemplo destacable encontramos el poema de Thomas Hood «The Bridge of Sighs» (1844) o «El puente de los suspiros», y el cuadro «Found Drowned» de G. F. Watts (1848), inspirado en el poema. En ambos casos encontramos una constante: la mujer ahogada es, sin duda, una *fallen woman* o «mujer caída», que se quita la vida saltando al río Támesis tras ser abandonada a su suerte después de haber sido seducida, abandonada o prostituida. Por supuesto, el arte prerrafaelita e imágenes tan recurrentes como el personaje de Ofelia en *Hamlet* también perpetuaron esta imagen del ahogamiento de las mujeres. Como todas ellas, y como veremos más detalladamente en el capítulo sobre *Formosa*, la literatura nos muestra a mujeres ahogadas (literal y metafóricamente) que suelen haber caído en desgracia debido a sus transgresiones sexuales o morales. Por tanto, y como hemos comentado al inicio de la sección, es comprensible que la espectacularidad de la escena de la cueva y la amenazante imagen del lago ante una mujer desprotegida dejara huella en los espectadores y espectadoras, volviéndola una escena clave y representativa de *The Colleen Bawn* (y de las *sensation plays*).

Como hemos comentado anteriormente, Anderson (1980) realiza una interesante reflexión sobre cómo en el imaginario colectivo del XIX una mujer de pie cerca de una gran masa de agua inmediatamente sugería que esta se encontraba en una situación desesperada y que se trataba de una mujer abandonada o caída con intención de darse muerte. Estas imágenes son bastante similares a lo que entendemos en este volumen como naufragio: la mujer es derrotada por un sistema opresivo, lo que la hace desparecer bajo la superficie. Este hundimiento se visibiliza al sumergirse bajo el agua y luego queda a la deriva, a su suerte. Si bien Eily O'Connor acude al lago engañada por Danny y no por su propio pie, sí podemos percibir cierta señal de alarma al encontrarse indefensa frente a tal amenaza (también para los espectadores). Y no es para menos, ya que como apunta Gates (1998: 135), el ahogamiento podía interpretarse como algo innatamente femenino, como si las mujeres su hubieran ahogado en sus propias lágrimas tras un suceso traumático —casi siempre debido a su propia transgresión de las normas— y hubieran vuelto al «agua del útero». No es el primero en advertir esta asociación: para Bachelard (1942), existe una conexión simbólica entre las mujeres, el agua y la muerte (las mujeres, dice, están siempre asociadas a líquidos: sangre, lágrimas, leche, líquido amniótico). De esta manera, el ahogamiento se torna advertencia para las mujeres, previniéndolas de las consecuencias de sus devaneos con lo prohibido. En lo que a Eily respecta, ella misma percibe la amenaza cuando Danny la lleva a la tan temida «cueva del diablo» o *Devil's cave* y, antes de que él intente ahogarla, Eily prevé su propio destino: «EILY: No me gusta este sitio—es como una tumba» (Boucicault, 1860: 14).[27] Como ella misma advierte, la cueva puede tornarse espacio liminal entre la vida y la muerte.

Por otro lado, el agua también tiene el poder de cambiar a las mujeres: en escenas literarias y en el cine, la mujer flota bajo el agua y finalmente emerge como una persona cambiada o en circunstancias diferentes.[28] Como Ross (2004) indica, este tipo de escenas pueden interpretarse como símbolos de la opresión bajo la que se encuentran las mujeres, y son una variación del ritual del baño como acto purificador. Esto también podemos asociarlo a las historias de naufragios, ya que, generalmente, tras un periodo de desesperación y deriva (el hundimiento o naufragio), el náufrago deberá emerger y llegar a la orilla. De sus propios recursos dependerá su supervivencia final en la isla. Esta historia de supervivencia es la que provoca una respuesta somática en los lectores y lectoras (o, en el caso de *The Colleen Bawn*, en el público): mediante escenas potentes como la de la cueva y el hundimiento de Eily O'Connor, el autor se aseguraba de provocar en los espectadores y espectadoras un sentimiento de urgencia y de peligro

---

[27] «EILY: I don't like this place—it's like a tomb».
[28] Ross (2004) realiza un análisis muy apropiado de este tipo de escenas en el cine contemporáneo, repasando adaptaciones de *Hamlet*, entre otros.

extremo. Gracias a la tensión de la escena, el público puede empatizar con la joven, que se muestra como víctima inocente dejada a su suerte, y vitorear su salvación a manos del valiente joven irlandés, Myles na Coppaleen.

Si bien hemos dicho que en las historias de naufragios el objetivo es ver medrar al protagonista gracias a sus propios medios, en el caso de nuestra protagonista Eily O'Connor, advertimos no un deseo de prosperar o de sobrevivir, sino de desaparecer. Tras su intento de asesinato (su naufragio) y ser salvada por su antiguo pretendiente Myles na Coppaleen, Eily deja su pequeña cabaña y se esconde para facilitarle el camino a Hardress:

PADRE T.: ¡Amas al desgraciado [Hardress] que buscó terminar con tu vida!

EILY: ¿Acaso mi vida no es suya? No es culpa suya si su amor no pudo durar tanto como el mío. Yo era una pobre y torpe criatura, no estaba a su altura de ningún modo; pero si él me hubiera dicho, «Eily, pon la tumba entre nosotros y hazme feliz», me habría sumergido, de buena gana, en el lago.

PADRE T.: ¿Y estás dispuesta a pasar una vida de reclusión para que él pueda vivir en su reprochable felicidad?

EILY: Si yo viviera, ¿no sería una vergüenza para él y una ruina? —¿acaso no le estorbo? Que el cielo me ayude, ¿por qué habría de molestarle? ¡Oh! Él ya tenía bastantes quebraderos de cabeza cuando dejó que me pusieran la mano encima —el pobrecito.

PADRE T.: ¿Y piensas dejar que te crea muerta?

EILY: Muerta y desaparecida. Entonces, tal vez, su amor por mí volverá, y el recuerdo de su pobre, tonta y pequeña Eily, que adoraba el suelo que él pisaba llenará su corazón por un tiempo.

PADRE T.: ¿Y adónde vas a ir?

EILY: No lo sé. A cualquier parte. ¿Qué importa?

MYLES: El amor hace que todos los lugares sean iguales.

EILY: Ahora estoy sola en el mundo.[29]

De nuevo vuelve a encerrarse en una casa que no es suya, esta vez deseando no ser encontrada. Hardress ignora que su criado ha intentado asesinar a su mujer y asume que Eily se ha suicidado. Los últimos momentos de la obra son apresurados y la resolución llega rápido, siguiendo el estilo de las *sensation dramas*. En este caso, Boucicault muestra cómo la policía va en busca de un culpable tras encontrar la capa de Eily en el río, pero finalmente, gracias

---

[29] «FATHER T.: Love the wretch who sought your life! / EILY: Isn't it his own? It isn't his fault if his love couldn't last as long as mine. I was a poor, mean creature—not up to him any way; but if he'd only said, "Eily, put the grave between us and make me happy," sure I'd lain down, wid a big heart, in the loch. / FATHER T.: And you are willing to pass a life of seclusion that he may live in his guilty joy? / EILY: If I was alive wouldn't I be a shame to him an' a ruin—ain't I in his way? Heaven help me—why would I trouble him? Oh! he was in great pain o' mind entirely when he let them put a hand on me—the poor darlin'. / FATHER T.: And you mean to let him believe you dead? / EILY: Dead an' gone: then, perhaps, his love for me will come back, and the thought of his poor, foolish little Eily that worshiped the ground he stood on, will fill his heart a while. / FATHER T.: And where will you go? / EILY: I don't know. Anywhere. What matters? / MYLES: [Against wing, L.] Love makes all places alike./ EILY: I am alone in the world now» (Boucicault, 1860: 34-35).

a la confesión de Danny Mann, el criado de Hardress, y a que Eily aparece viva, todo queda aclarado. Hardress se ve obligado a reconocer que Eily es su esposa, renunciando a un matrimonio con la heredera Anne Chute. La escena final podría considerarse como el reemerger de Eily, que deja de estar «sumergida» en la oscuridad figurativa de la cabaña y emerge de manera desinteresada para poder salvar a su amado de la ley. No sabemos qué la lleva a abandonar su exilio ni qué le empuja a ayudar a un hombre acusado de su propio asesinato, ya que esta decisión ocurre fuera de escena. Lo que sí podemos sospechar es que, tal y como había vaticinado ella misma, al pensar que estaba «muerta y desaparecida», Hardress se da cuenta por fin de lo mucho que la quiere. Al verla llegar, Hardress se muestra aliviado y por fin la reconoce como su esposa ante todos los demás: «mi esposa—mi querida Eily» (41).[30] Además, en agradecimiento por haber salvado a su hijo de la cárcel, Mrs. Cregan la reconoce también públicamente como hija política («Perdóname, Eily […] Perdona a tu madre») (41).[31] Por primera vez, Eily es reconocida en su rol de esposa y deja de ocupar un espacio de clandestinidad. En este caso, se cumple el poder purificador del agua, tal y como se ha explicado al principio de la sección, ya que Eily ha resurgido como un ser candoroso (ahora sí es un ángel del hogar) y digno del reconocimiento de los demás. Aunque se muestre cauta (no tiene claro si está rodeada de amigos o no), Eily puede por fin reclamar un espacio

---

[30] «my wife—my own Eily» (41).

[31] «Forgive me, Eily […] Forgive your mother» (41).

(también en los corazones del público, como ella misma pide en su alegato final).[32]

En conclusión, como se ha argumentado en estas secciones, Eily O'Connor encarna a la náufraga social (y, gracias a la escena de la cueva, también a la náufraga literal). Eily transita un espacio crítico entre lo aceptado y lo rechazado por la sociedad; su naufragio llega de manera forzada, violenta: una traición y casi eliminación por parte de su marido. Inicialmente la conocemos como una esposa devota y fiel, cuya pureza emociona a todo aquel que habla de ella. A pesar de su unión con Hardress, Eily se ve desamparada porque no se le reconoce su papel de esposa: lejos de ofrecerle la seguridad que el matrimonio traía a muchas mujeres del siglo XIX, el vínculo del matrimonio solo consigue alejarla de un marido que no la considera su igual. Hardress la abandona emocionalmente, pero también físicamente. Su existencia se ve invisibilizada, sumergida. Es precisamente la escena de la cueva la que visibiliza de manera inequívoca su condición de náufraga. Esta inmersión forzada nos hace pensar en la falta de protección de muchas mujeres; en el caso de Eily, la vemos sola, sin una familia respetable, y únicamente cuenta con la ayuda de personajes marginados. Así pues, su falta de agencia viene justificadísima: vive en un sistema que le niega voz, presencia y espacio. Con todo, como hemos comentado, Eily consigue abandonar el espacio incómodo que habita y reclama su lugar al final de la obra, rompiendo así con el arquetipo de la mujer sumergida, logrando por fin emerger a la superficie —y escapar de la isla—.

---

[32] «… I could hope that I had established myself in a little corner of their hearts» (42).

2. Viudas

Las películas de terror modernas se han encargado de hacernos pensar que las viudas victorianas son mujeres de aspecto tétrico, vestidas de negro, con velo. Esta imagen literalmente oculta la figura femenina y borra la identidad de las mujeres, haciéndonos caer en estereotipos alejados de la realidad. Y es que, como señala Lokis-Adkis en su estudio sobre la perversión sexual femenina y las viudas de finales de siglo XIX, cuando intentamos definir a las viudas solemos caer en una categorización de extremos, tanto en cómo las percibimos socialmente como en su representación en la literatura. En lo que a su posición social se refiere, las viudas suelen representarse como ostentosamente ricas o tremendamente pobres; en cuanto a su comportamiento, oscilamos entre la tan conocida «viuda alegre», que disfruta de una vida de liberación (sexual) tras la muerte de su marido, y la mujer piadosa que se recluye en soledad y aflicción para el resto de sus días.

Sin embargo, la realidad de las viudas del siglo XIX en Inglaterra es de lo más variopinta y, desde luego, no debemos caer en definiciones reduccionistas de lo que significaba para una mujer perder a un marido durante la época. En este capítulo, nuestra intención es hablar sobre un personaje en concreto, el de Mrs. Clara Eversleigh, protagonista de la obra *Up at the Hills* (1860), del dramaturgo inglés Tom Taylor. Su situación es quizá algo anómala, ya que se trata de una mujer bien posicionada socialmente y adinerada gracias a la deferencia de su marido ya fallecido. Además, su historia se desarrolla en una colonia inglesa, más concretamente en una de las estaciones de montaña o *hill stations* en la India de la Compañía de las Indias Orientales (la East India Company). Como veremos, Mrs. Eversleigh nos permite examinar varias cuestiones que afectan a las viudas de su tiempo, por lo que en las próximas páginas hablaremos sobre la posición social y económica, la adherencia a las costumbres de luto decimonónicas y el comportamiento y decoro al verse sin la protección del marido, entre otras. También, como se ha mencionado anteriormente, dado que Mrs. Eversleigh nos permite explorar el personaje de la viuda en un contexto bastante específico, hablaremos sobre la posición de las mujeres solas en las colonias británicas de mediados de siglo XIX, incluyendo a las llamadas *grass widows*.

2.1. La identidad de las viudas victorianas

Aunque durante el XIX la esperanza de vida en Inglaterra había aumentado en comparación con los siglos anteriores, no debemos olvidar que se trata de una época marcada por el profundo interés colonial y la expansión (y estabilización) del Imperio británico. Como menciona Gamble (2009: 132), durante el siglo XIX son «los fallecimientos, más que el abandono o el divorcio, lo que pone fin a la mayoría de los matrimonios, a menudo cuando los cónyuges son relativamente jóvenes».[1] Así, si bien en la primera mitad de siglo no hay estadísticas oficiales, las de la segunda mitad de la centuria indican que una de cada doce mujeres de 35 a 44 años era viuda, y en el caso de las de 55 a 64 años, una de cada tres.

Como sabemos, en la Inglaterra victoriana las mujeres tendían a ser categorizadas según su rol o posición familiar. En el capítulo anterior se ha explicado cómo la ideología doméstica de la época hacía que la identidad de las mujeres se viera ligada a un camino «natural» para toda mujer: hija, esposa, madre y finalmente, en el caso que nos ocupa, viuda. Este es el camino que toda mujer victoriana respetable debía seguir. Dado que la vida de las mujeres estaba exclusivamente planteada como una vida de servitud, devoción y acompañamiento del marido y de la familia en el hogar, es de esperar que nos cuestionemos la situación de estas mujeres al «terminar» su misión: ¿qué ocurría cuando se quedaban viudas? La historiadora Pat Jalland (1996: 230) es bastante clara al respecto: «la viudedad, como fin del matrimonio, era una experiencia devastadora, que implicaba la pérdida del papel central de esposa, el cual era definitorio para la identidad y el sentido de valía personal de tantas mujeres».[2] En definitiva,

---

[1] «Death, rather than desertion or divorce, ended most marriages, and this was often when the partners were relatively young. For the period up to 1850 there are no official statistics, but in the second half of the century one in twelve women aged 35-44 were widows, as were one in three women aged 55-64».

[2] «Widowhood, as the end of marriage, was a devastating experience, entailing the loss of the central role of wife, which defined the identity and sense of worth of so many women».

la viudedad es, sin lugar a duda, un estado de pérdida o desgracia que se ajusta a nuestra definición de *naufragio*, tal y como se ha explicado en la introducción de este volumen; las viudas son náufragas en el panorama social de la Inglaterra del siglo XIX. Asimismo, en este contexto la viudedad implica una situación de vulnerabilidad, de pérdida del estatus de «esposa de» y de una relocalización forzosa de la identidad propia. Cuando, después de tantos años de preparación para desempeñar su rol en el ideal de domesticidad (es decir, el de esposa y madre amantísima o «ángel del hogar», según el canon victoriano), las mujeres se veían obligadas a explorar un terreno desconocido, es de esperar que la desesperación y el desconocimiento hicieran mella en ellas. Entre otros motivos, la gran mayoría de las viudas debía hacer frente a esta nueva posición inferior (más, si cabe) sin apenas recursos económicos, sin trabajo o posibilidad alguna de emplearse fuera del hogar debido a su falta de preparación académica o profesional, y, por supuesto, con una falta de experiencia tremenda en la gestión de asuntos relacionados con la subsistencia básica fuera de casa. Y, por si fuera poco, con incluso menos derechos a ojos de la ley.

Haciendo una breve referencia al marco legislativo inglés del XIX, cabe destacar que la New Poor Law de 1834 permitió que las viudas no tuvieran que entrar obligatoriamente en los temidos *workhouses* o asilos, lugares destinados al internamiento de los más desfavorecidos en un régimen disciplinario extremo. Gracias a esta ley, fuera de estos *workhouses* las viudas podían recibir ayuda económica, alimentos, ropa y atención médica, también para sus hijos e hijas, en caso de tenerlos. A mediados del siglo XIX se empiezan a popularizar los seguros de vida en Inglaterra, lo que da algo de sosiego a las viudas de clase media; sin embargo, la mayoría de las mujeres de clase obrera y algunas de clase media se ven abocadas a depender de asociaciones caritativas, ya que no todas las familias podían permitirse disponer de tales seguros o de dejar en previsión pensiones para las viudas y su descendencia (Curran, 1993: 221). Más tarde, el Old-Age Pensions Act de 1908 consiguió mejorar la situación económica de las viudas más ancianas (de más de 70 años), pero siguió dejando de lado a las más jóvenes, que aún dependían en gran parte de la caridad o de los ahorros y la previsión que sus maridos hubieran tenido en vida para asegurarles una vida decente tras su muerte. La cuestión de la subsistencia de las viudas fue una de las que las sufragistas finiseculares incluyeron en sus reivindicaciones, quienes también abogaron por la concesión del voto electoral a las viudas, las mujeres solteras y las mujeres propietarias (Hall, 2002: 431).

Con respecto a los hijos e hijas de las viudas, a mediados de siglo la situación era incluso más complicada en caso de tener descendencia; no fue hasta 1886 que el Guardian of Infants Act reconoció por fin a la madre como tutora legal de los hijos e hijas que se hubiera tenido durante el matrimonio (hijos legítimos), lo que permitió que esta tuviera potestad sobre ellos una vez fallecido el marido. Con todo, este reconocimiento no garantizaba que la viuda tuviera los medios económicos para hacerlo si el marido no la había tenido en cuenta en vida, y, por tanto, muchas de ellas seguían viéndose obligadas a poner a sus hijos e hijas bajo la tutela de otros.

Así pues, como apunta Jalland, es comprensible que muchas viudas se alarmaran o entraran en pánico ante la pérdida de seguridad y protección que la vida matrimonial y familiar les ofrecía. El miedo a las nuevas circunstancias redujo a algunas a la más absoluta impotencia, tanto real (debido a su falta de derechos ante la ley y de preparación) como emocional. Y no es para menos: debían enfrentarse tanto a la indigencia como al desarraigo, en caso de tener que abandonar el hogar familiar (Jalland, 1996: 236). Por tanto, es natural que la separación de esferas y el ímpetu por aislar a las mujeres en el ámbito doméstico hicieran incluso más difícil la supervivencia de muchas de ellas. Si bien es cierto que las mujeres de clase obrera sí disponían de los recursos para abrirse paso en el mundo laboral (en puestos muy limitados y muy mal pagados, eso sí), las mujeres de clase media, además de experimentar una gran pérdida personal, debían enfrentarse al problema de su falta de educación y preparación para la «esfera pública». Al quedar desamparadas por la ley y con la necesidad de buscarse la vida fuera del ámbito familiar, y debido a la insuficiente preparación que habían recibido para ejercer como algo más que «esposas» o «madres», estas mujeres se sentían totalmente atrapadas, sin salida.

La opinión de la gente tampoco ayudaba a que las viudas de clase media pudieran intentar sobrevivir fuera del hogar, y a menudo se veían censuradas por sus coetáneos, lo que hacía peligrar su estatus social.[3] Y es que el papel de

---

[3] «Mi opinión es que si una mujer se ve obligada a trabajar, pierde de inmediato (aunque sea cristiana y bien educada) esa posición peculiar que la palabra "dama" designa convencionalmente», traducido del original: «My opinion is that if a woman is obliged to work, at once (although she may be Christian and well-bred) she loses that peculiar position which the word *lady* conventionally designates» (*The English Woman's Journal*, 1866: 59).

«viuda» era bastante inferior al de «esposa» en la jerarquía social (si bien era algo mejor que el de «solterona» o *spinster*) (Jalland, 1996: 230). El escrutinio público también caía en esa definición de extremos que hemos mencionado anteriormente y hablaba sobre las viudas como mujeres conquistadas (o por conquistar); por ejemplo, el *Pall Mall Gazette*, un periódico londinense, las describía así:

> Está de moda atribuir a las viudas [...] una dureza, una especie de descaro, o al menos, una ausencia total de formalidades y cautela, lo que los hombres tímidos han encontrado molesto en primera instancia, y encantador en segunda. Pero algunas mujeres, incluso después de casarse, especialmente si ese matrimonio ha sido sin amor, triste e improductivo, siguen siendo moralmente hablando, exactamente lo que eran antes: no ha habido verdadero matrimonio, y son esposas solo a ojos de la ley. Si después de una breve *servidumbre* son *liberadas*, el tesoro de su amor, el dominio sobre sus afectos, todavía tienen que ser ganados (30 de junio de 1866: 10; el énfasis es nuestro).[4]

---

[4] «It is the fashion to ascribe to widows [...] a hardihood, a kind of audacity, or at least, an entire absence of formalities and reserve, which bashful men have found trying in the first instance and delightful in the second. But some women, even after marriage, especially if that marriage has been loveless, dreary, and barren, remain morally speaking, exactly what they were before: there has been no true marriage, and they are wives only in the sight of the law. If after a brief servitude they are set free, the treasure of their love, the dominion over their affections, have yet to be won» (*Pall Mall Gazette*, 30 de junio de 1866: 10).

Es interesante analizar la posición de las viudas desde la perspectiva que nos indica el periódico: ¿es posible considerar la viudedad como una *liberación* de un estado de *servidumbre*, como nos revelan las líneas anteriores? Según el artículo del *Pall Mall Gazette*, parece que sí se hace énfasis en que algunas mujeres viudas son «terreno no conquistado», ya que han pasado por el matrimonio como mero trámite («esposas solo a ojos de la ley»). No todas las viudas han sido mancilladas, parece decirnos, no todas se han convertido en mujeres descaradas o transgresoras; algunas aún conservan esa superioridad moral tan atribuida a las mujeres del XIX, a los «ángeles del hogar».

No obstante, el discurso dominante a la hora de definir a las viudas es el de la *merry widow* o «viuda alegre». En estos casos, también se da un tipo de liberación, si bien inclina la balanza hacia la inmoralidad a ojos de los más conservadores. La viuda alegre se convierte en estereotipo y explota esa nueva libertad de movimientos y de independencia económica (y sexual) de algunas mujeres tras el fallecimiento de sus maridos. Y es que, si como hemos señalado anteriormente, la viudedad confiere en ciertas mujeres una pérdida de estatus, también en muchas ocasiones sugiere un desligamiento de las obligaciones propias de la esposa. Para muchas, especialmente para las bien posicionadas económicamente, esto podía suponer algo positivo, pues propiciaba un nuevo espacio en el que poder explorar sus posibilidades como individuas «solas» e independientes. Sin embargo, pese a esta aparente libertad, Lokis-Adkins nos recuerda que seguían siendo vulnerables al escrutinio de la sociedad debido a que tenían «un estado sexual ambiguo»; ya no eran vírgenes casaderas y vendibles, sino mujeres sexualmente experimentadas. Aun así, el foco vuelve a ponerse en el comportamiento de estas mujeres una vez «liberadas» del control paterno o del marido; el *London Evening Standard* parece hacer hincapié en cómo la viudedad es el mejor proceso mediante el cual podemos conocer de verdad a una mujer:

> La viudez puede considerarse como la mejor posición en la que el carácter de una mujer revela o bien su fuerza o belleza intrínseca o bien su debilidad innata. Ella es su propia dueña, *libre del dominio del padre o del marido*, y muy pronto debe traicionar la verdadera tendencia de sus deseos. La soledad, que pone de relieve las grandes cualidades de algunas mujeres que, a la sombra de su marido, podrían haber vivido y muerto sin manifestar tales espléndidas posibilidades de su naturaleza, pone igualmente de relieve las locuras o cosas peores de otras, de las que nadie las habría creído capaces si hubieran pasado su vida bajo el dominio del matrimonio (8 de mayo de 1886: 1; el énfasis es nuestro).[5]

Como bien se indica en las líneas anteriores, no es habitual ver a una mujer fuera de la protección (o dominio, siguiendo la nomenclatura utilizada por el periódico) de

---

[5] «Widowhood may be regarded as the best position in which the character of a woman reveals its intrinsic strength or beauty or its innate weakness. She is her own mistress, free from the rule of either father or husband, and very soon she must betray the true bent of her inclinations. The solitude that throws into relief the high qualities of one who, shadowed by her husband's side, might have lived and died without manifesting those splendid possibilities of her nature, brings into equal prominence the follies or worse of another, that none might have guessed her capable of had she passed her life under the restraining rule of marriage».

un hombre. Este nuevo estado, como ya se ha comentado, puede ser desestabilizante para las mujeres decimonónicas debido a su novedad y a su falta de posición social. Las viudas se tornan exploradoras extrañas en una sociedad que parece cuestionarlas a cada paso, una sociedad por la que antes navegaban bajo la protección de su rol como esposas. Ahora, como viudas, deben hacer frente a nuevas amenazas, comentarios y burlas de sus coetáneos. Para algunas de ellas, la viudez constituye un nuevo estado que propicia un cambio a mejor (o, como indica el *London Evening Standard*, que hace aflorar su verdadera naturaleza). No es tarea nuestra decidir si esta es la correcta o no, pero sí debemos resaltar cómo los comportamientos «anómalos» para su sexo sirven de inspiración para autores y autoras de la época. Como cabe esperar, esta disrupción de la norma hace de las viudas del XIX grandes personajes que estudiar para poder seguir entendiendo la posición de las mujeres en la historia. Y es que, como apunta el *London Evening Standard*, «las viudas son las más fascinantes de su sexo» (8 de mayo de 1886: 1).[6]

En la próxima sección hablaremos sobre cómo Tom Taylor, autor de la comedia *Up at the Hills* (1860), encuentra inspiración en el interés de la sociedad hacia las viudas. Por medio de esta obra, exploraremos las colonias británicas en la India como escenario interesante en el que numerosas mujeres debían sobrevivir con los medios disponibles, tanto dentro como fuera de sus núcleos familiares. Hablaremos sobre Tom Taylor, su tratamiento

---

[6] «widows are the most fascinating of their sex» (*London Evening Standard*, 8 de mayo de 1886: 1).

de los personajes femeninos, las estaciones de montaña en la India como núcleos urbanos que replicaban la sociedad británica lejos de casa, y sobre la actriz Louisa Ruth Herbert, protagonista de la obra que nos ocupa.

2.2. Tom Taylor, *Up at the Hills* (1860) y Louisa Ruth Herbert

No es habitual encontrar a Tom Taylor entre los autores de las antologías de teatro del siglo XIX, quizá porque sus obras estaban más pensadas para suplir la insaciable demanda del público victoriano que para dejar huella en la historia. Sin embargo, Taylor fue uno de los más aclamados en su época, con un humor muy peculiar que parecía satisfacer a los espectadores (especialmente en Londres). Escribió más de setenta obras teatrales, aunque la dramaturgia nunca fue su única ocupación; además, trabajó como abogado, periodista, crítico de arte para *The Times* y editor para la conocida revista ilustrada de humor *Punch* durante unos seis años. Trabajó en exclusiva para algunos de los mejores teatros del West End londinense, como el Adelphi o el Haymarket, y se codeó con actores y actrices célebres del periodo, como Ellen Terry y Charles Mathews, entre otros. La propia actriz Ellen Terry describió a Taylor en sus memorias como toda «una institución» (1908: 62).[7] Y no es para menos, ya que creó una pequeña comunidad de artistas interesados

---

[7] «Tom Taylor [...] was an institution!».

en el esteticismo decimonónico —como G. F. Watts o Dante Gabriel Rossetti—, celebrando cenas y reuniones en su casa con su esposa, que era, además, compositora. Asimismo, Taylor escribió comedias, farsas, melodrama y teatro histórico y, tal y como afirma Tolles, sus obras «ayudaron a marcar los caminos que el teatro inglés iba a tomar, así como los que iba a evitar» (1940: 256).[8] En otras palabras: su trabajo marcó tendencia en el hoy más recordado teatro inglés finisecular.

Taylor fue particularmente prolífico a mediados de siglo XIX, y una de las cuestiones que más llaman la atención es su predilección por los personajes femeninos complejos. Uno de sus volúmenes publicados en vida es la colección *Historical Dramas* (1877), que incluye dramatizaciones de las vidas de Ana Bolena, Juana de Arco y María Tudor. Sus personajes femeninos son multidimensionales y abundan en sus obras en una época en la que el público parecía estar cansado de encontrar manidos estereotipos y una presencia casi escasa de mujeres protagonistas. Quizá por eso fue uno de los favoritos de las «mujeres fuertes» por excelencia del mundo teatral de la época, como en el caso de Ellen Terry. A mediados del siglo XIX, durante las décadas de 1850 y 1860, Taylor se dedicó a escribir obras de teatro como «dramaturgo residente» o *house playwright* en importantes teatros con tradición femenina como el Olympic, el Adelphi y el Haymarket, por lo que estaba claro que su estilo

---

[8] «his writing [...] helped mark the roads which English drama was to take, as well as those it was to avoid». Para más información sobre Tom Taylor y su contribución al teatro inglés decimonónico, consúltese Tolles (1940) y Banham (1985).

gustaba, especialmente, al público de clase media-alta que solía frecuentar dichos teatros.

Una de las principales características del teatro popular inglés de mediados del siglo XIX es su profundo interés en reflejar los asuntos del día a día de la sociedad. Por ello, sobre los escenarios era habitual ver representaciones de eventos actuales, hitos históricos, novelas o historias publicadas en otros medios, leyendas y cuentos populares. Eso sí, todo esto solía estar muy adaptado y era tergiversado a gusto del escritor o escritora. Como buen dramaturgo, Taylor siguió esta tendencia en sus obras. En el caso que nos ocupa, *Up at the Hills* fue creada tras un episodio bastante virulento en la historia de la East India Company (o Compañía Británica de las Indias Orientales): la rebelión de la India de 1857 o el Gran Motín.[9] Este evento, que duró tres años, hizo que los ciudadanos británicos prestaran especial atención a la vida de sus compatriotas en las colonias y siguieran con repulsa los detalles escabrosos sobre la revuelta en ciudades como Kanpur, Lucknow y Jhansi. En las ciudades británicas, los periódicos publicaban historias espantosas sobre cómo los nativos también habían atacado a las mujeres y niños que estaban asentados en las colonias con sus familias. Fue, sin duda, un episodio sensacionalista que los teatros supieron aprovechar durante los siguientes años —eso sí, tras la victoria británica y para levantar la moral—. Así,

---

[9] *The Indian Rebellion* o *The Mutiny* ocurrió de 1857 a 1859, cuando los nativos empleados por la Compañía Británica de las Indias Orientales (cipayos o *sepoys*, en inglés) se alzaron en contra de los oficiales y soldados británicos (y sus familias).

en los escenarios londinenses se vieron representaciones espectaculares de las batallas (como ya se había hecho con la guerra de Crimea de 1853 a 1856) y, aprovechando el auge de las *sensation stories* o «historias de sensaciones», se explotaron todos los detalles escabrosos mediante relatos de supervivencia femenina. Por supuesto, estas historias estaban llenas de estereotipos, no solo en los personajes nativos indios, sino también en el de las mujeres británicas. Por este motivo (y también por la proliferación de relatos de supervivencia supuestamente escritos por mujeres en las colonias), estas obras solían resaltar la indefensión de aquellas mujeres que habían quedado atrapadas en medio de la batalla por el mero hecho de estar con sus familias. Y es que la misión colonial de las mujeres de la época se parecía bastante a su misión tradicional de establecer el ideal de domesticidad y formar familias respetables. Todo esto, sin duda, contribuyó a la formación de ideologías racistas (y machistas) que permanecerían en la conciencia colectiva durante el resto del siglo XIX.

Ante tal panorama, y haciendo alarde de su peculiar sentido del humor, Tom Taylor decidió escribir un par de comedias de contextualización en la India colonial: *The Overland Route* para el Haymarket (17 de febrero de 1860) y *Up at the Hills* para el St. James's Theatre (22 de octubre de 1860). En *The Overland Route* un grupo de mujeres y hombres británicos viajan a bordo de un barco de vapor, volviendo de la India tras el episodio del Gran Motín. Entre los personajes, Taylor destaca a tres mujeres, Mrs. Sebright, Mrs. Lovibond y Miss Colepepper, todas definidas en cierta manera por su relación (o su falta de relación) con los personajes masculinos. Es interesante destacar cómo Taylor ya parece explorar la figura de las viudas en esta obra, pues la historia de Mrs. Sebright gira en torno a cómo se hace pasar por viuda en el barco para así poder disfrutar de las atenciones de los hombres y poder comportarse con cierta libertad. Según nos dice Mrs. Sebright, «una mujer casada prudente, sin su marido, no tiene ninguna oportunidad a bordo de estos horribles barcos de vapor. Pero una viuda siempre va a recibir atención» (Taylor, *Overland*, 1860: 17).[10] Como veremos en nuestro análisis de la viuda Mrs. Clara Eversleigh en *Up at the Hills*, estas palabras no se alejan mucho de la realidad de muchas viudas de soldados y oficiales ingleses en las colonias.

The Overland Route fue todo un éxito entre el público y quedó en el repertorio del Haymarket durante más de veinte años, e incluso llegó a reestrenarse en la década de 1880. Sin embargo, *Up at the Hills* no gozó de tal longevidad, aunque sí fue bien recibida. Estrenada en el St. James's Theatre durante la gerencia del matrimonio Wigan, *Up at the Hills* está ambientada en la India, más concretamente en una de las *hill stations* o estaciones de montaña (presuntamente, Simla). Las estaciones de montaña eran conocidas por constituir lugares de retiro estival para los británicos asentados en las colonias indias, y se ubicaban cerca de las montañas, donde el clima sofocante parecía darles un respiro en los meses más calurosos. Allí se establecieron comunidades exclusivas para el uso y disfrute de la élite británica expatriada, y se crearon todo tipo de

---

[10] «a prudent married woman, without her husband, has no chance aboard these horrid P. O. boats. But a widow's always sure of attentions».

establecimientos de ocio que buscaban emular la vida en la madre patria. Las familias británicas (especialmente las esposas de oficiales y altos cargos de la Compañía) vivían en *bungalows* o casas adaptadas con todo tipo de lujos y disponían de criados y criadas que les agasajaban con todo lo necesario. En definitiva, eran «entornos aislados donde los visitantes podían sentirse como en casa» (Aiken, citado en Kennedy, 1996: 3).[11] Las estaciones de montaña son el contexto perfecto para el desarrollo de una obra cómica, ya que eran hervideros de cotilleos, intrigas sociales y relaciones ilícitas entre colonos. Kennedy compara las estaciones de montaña de la India con los balnearios y ciudades balneario de las costas británicas, especialmente en lo referente al tipo de relaciones sociales y visitantes que atraían. Como nos explica, ambos espacios ponían a disposición de los y las visitantes instalaciones recreativas (bibliotecas, clubes, teatros), actividades sociales como cenas, bailes y carreras, por lo que el aspecto social era clave. Quizá como consecuencia, esto también hacía que proliferaran las mujeres jóvenes y viudas en busca de pareja.[12]

La trama bien podría ocurrir en cualquier otro escenario, nos dice el *London Evening Standard* (30 de octubre de 1860), aunque en tal caso no se habrían podido explotar los decorados del contexto colonial, que sí fueron alabados por la crítica. Sin embargo, la obra tuvo un estreno exitoso

---

[11] «Hill stations 'offered isolated, exclusive milieus where sojourners could feel at home'».

[12] En el capítulo «Nurseries of the Ruling Race», Kennedy (1996: 117-146) hace un análisis muy interesante sobre las *hill stations* y su papel en la perpetuación de la misión colonial mediante la formación de familias tradicionales.

gracias a la interpretación del elenco y a una historia que parecía propia de conversaciones privadas, creándole al público la sensación de estar en una reunión con amigos (*Illustrated London News*, 3 de noviembre de 1860). Este tono, normalmente usado en la intimidad, quizá fuera el responsable de que los personajes no terminaran de convencer a algunos críticos, ya que los tildaron de poco agradables, si bien entretenidos (*Daily News*, 30 de octubre de 1860). Entre otros motivos, Taylor fue criticado por la falta de moralidad de sus personajes, quienes son tachados de «frágiles y descarriados» (*Illustrated London News*, 3 de noviembre de 1860). Por ejemplo, *The Press* parece pensar que, si bien la obra constituye una representación fiel de la sociedad de ingleses expatriados en la India, la moralidad está en horas bajas (*The Press*, 3 de noviembre de 1860: 161). Aun así, Taylor también fue elogiado por no idealizarlos:

> Este tipo de obra, que evidentemente no es la más refinada, depende de su veracidad y de su habilidad para agrupar y para comparar [la ficción con la realidad] [...] [esta obra] apela a un tipo de clase [social], no al público en general, [una clase] que busca historias, pasión e incidentes emotivos; y satisface el gusto de aquellos que aman desaprobar las costumbres existentes (*Illustrated London News*, 3 de noviembre de 1860: 417).[13]

---

[13] «This class of drama, which is evidently not the highest, depends for its success on its conventional truth, and the skill in grouping and contrasting character. [...] it appeals to a class, not the general public, which seek for story, passion, and stirring incident; and gratifies the taste of those who love to censure existing manners, but possess little

Así pues, en *Up at the Hills* Taylor aprovecha el escenario de las estaciones de montaña como espacio en el que (casi) todo puede pasar y apela a la nueva tendencia hacia lo sensacionalista de mediados de siglo. La protagonista de la obra es Mrs. Clara Eversleigh, una joven y acaudalada viuda que está a punto de terminar su periodo de luto. Mrs. Eversleigh se ve acechada por major Edward Stonihurst, un comandante de fama cuestionable que está interesado en casarse con ella por su dinero. Mrs. Eversleigh, que se nos muestra como una mujer desprotegida y confundida por todos los asuntos burocráticos a los que debe hacer frente tras la muerte de su esposo, siente predilección por Stonihurst y, aunque el decoro le impide romper su periodo de luto antes de tiempo, sí parece decidida a casarse con él a su debido tiempo. Sin embargo, la llegada de Mrs. Isabella Colonel McCann, la esposa del superior de Stonihurst, desbarata los planes de boda del comandante al advertirle a su amiga Mrs. Eversleigh sobre la calaña de su pretendiente. Como respuesta, y haciendo alarde de su carácter interesado, Stonihurst amenaza a Mrs. Eversleigh con publicar unas cartas privadas que ambos habían intercambiado en caso de no casarse con él. Estas cartas, de contenido romántico, son una amenaza directa hacia la buena reputación de Clara Eversleigh, ya que se escribieron cuando su esposo, el comisario Eversleigh, aún vivía. Finalmente, con la ayuda de Mrs. Colonel McCann y Monee, la criada india o *ayah* de Mrs. Eversleigh, las mujeres consiguen robar y destruir

---

sympathy for the struggles of the virtuously ambitious, and no wish to have the more romantic emotions excited».

las cartas inculpatorias, eliminando así la amenaza y liberando a Mrs. Eversleigh de un matrimonio coaccionado. En cuanto a los personajes secundarios, también encontramos a Mr. Tunstall, un joven abogado recién llegado a la India y antiguo pretendiente de Mrs. Eversleigh, y a Katie y a Margaret, las dos inexpertas sobrinas de Mrs. Colonel McCann, que han sido enviadas a la India para buscar marido. El elenco que dio vida a estos tres personajes es estelar: Monee, la criada de Mrs. Eversleigh, fue interpretada por Kate Terry, hermana pequeña de la gran Ellen Terry; la reputada Leonora Wigan (de soltera, Pincott), esposa de Alfred Wigan y corregente del St. James's, hizo de la fuerte y *strong-minded* matriarca de la estación colonial, Mrs. Isabella Colonel McCann; finalmente, Mrs. Clara Eversleigh no fue otra que la bella Louisa Ruth Herbert. Una de las cuestiones que más alabaron los críticos fue la interpretación de esta última en el papel de la joven viuda. Ruth Herbert, como prefería ser conocida, era la actriz idónea para hacer de nuestra atractiva protagonista, ya que su reputación como mujer bella la precedía. Ellen Terry, una de las principales actrices decimonónicas, la describió así:

Miss Herbert no era una actriz destacable, pero su apariencia era realmente maravillosa. Era muy alta, con el pelo de un dorado pálido, y con un aspecto espiritual y etéreo que tanto gustaba al movimiento estético (1908: 63).[14]

[14] «Miss Herbert was not a remarkable actress, but her appearance was wonderful indeed. She was very tall, with pale gold hair and the spiritual, ethereal look which the aesthetic movement loved».

Ruth Herbert había debutado en 1854 en el teatro Strand de Londres, uno de los más reputados del West End londinense. Después de pasar por el Olympic, quedó como actriz residente en el St. James's Theatre, donde también tomó el control como mánager (desde 1864 hasta 1868), siguiendo una larga tradición de mujeres en dicha posición.[15] Este teatro se encontraba en pleno corazón de la metrópolis y era visitado asiduamente por un público de clase media con gusto por la comedia, las adaptaciones de obras francesas y las puestas en escena espectaculares de los *burlesques* y las *extravaganzas*.[16] Herbert era muy conocida entre los asiduos al teatro debido a su gran trayectoria y también gracias a su belleza y su pelo «dorado». El propio Dante Gabriel Rossetti, referente en el mundo del arte decimonónico y célebre prerrafaelita, quedó prendado de ella y la persiguió hasta conseguir que posara para él. Su amistad duró unos años y, sin duda, su belleza dejó mella en las figuras femeninas que Rossetti pintó durante los años siguientes, aún inspiradas en Herbert.

Uno de los papeles que más marcó la carrera de Herbert fue el de lady Audley en *Lady Audley's Secret*, la adaptación de George Roberts (seudónimo de Robert Walters) de la célebre novela de Mary Elizabeth Braddon. Esta adaptación teatral es conocida por ser la única aprobada por la

---

[15] Jacky Bratton enumera las *managers* del teatro St. James' de Londres: Jenny Vertpré (1835-1854), Laura Seymour (1854), Fanny Wyndham (1859), Leonora Wigan (junto con su marido, Alfred Wigan) (1860), Ruth Herbert (1864), Mlle. De la Ferte (1868) y Mrs. John Wood [Matilda Charlotte Vining] (1869) (2011: 8).

[16] Para más información sobre el St. James's Theatre, consúltese Bratton (2011: 8, 158).

propia Braddon y se estrenó en el St. James's Theatre de Londres el 28 de febrero de 1863. En ella, Herbert interpreta a la protagonista, «una mujer audaz y fascinante, con un secreto fatal que constituía un motivo lo bastante fuerte como para cometer un crimen, y que perseguía sus propósitos mientras le quedaba razón para dirigir sus actos» (*The Athenaeum*, 7 de marzo de 1863: 338).[17] El personaje de lady Audley, junto con el de Aurora Floyd de la novela homónima de Braddon, marcan un cambio en la representación de los personajes femeninos en los escenarios londinenses. Gracias a la popularización de las «novelas de sensaciones» o *sensation novels*, el público empieza a presenciar personajes femeninos más complicados, lejos del ideal del ángel del hogar y con historias multidimensionales. Estas heroínas tienen vidas complicadas que provocan el rechazo de unos y la compasión de otros, principalmente porque muchas caen en comportamientos amorales, a ojos de sus coetáneos, y actúan siguiendo sus impulsos. A menudo, los lectores y lectoras, así como el público en los teatros, sufren con ellas y las acompañan en sus aventuras, que, si bien no ocurren en territorios lejanos, sí juegan con sus emociones y reputaciones. Y es que sus historias parecen recordarle al espectador que no hay mejor escenario que el de la misma sociedad en la que todos ellos navegan.[18]

---

[17] «a bold, fascinating woman, with a fatal secret forming a motive strong enough for the commission of murder, and pursuing her purposes as long as reason remained to her to direct her proceedings».

[18] Consúltense Eltis (2013: 63-64), Newey (2005: 93-94) y Pykett (1992: 97-98) para más información sobre las adaptaciones teatrales de *Lady Audley's Secret* y la *sensation fiction*.

La ambigüedad de lady Audley hace que Herbert fuera la actriz perfecta para interpretarla; el personaje es descrito como bello, de aspecto frágil y angelical (cerca de la imagen del ángel del hogar), y, sin embargo, su comportamiento de villana rompe con todos los esquemas de la época (no es para menos; lady Audley participa en una trama de bigamia y, en una de las escenas más recordadas, empuja a su primer marido dentro de un pozo). Como detalle para tener en cuenta, en la novela lady Audley exhibe un retrato suyo que, según nos cuenta George Talboys al llegar a casa de los Audley, estaba pintado al más puro estilo prerrafaelita. Como hemos mencionado anteriormente, dado que Herbert tenía una estrecha relación con Rossetti y los prerrafaelitas, no es de extrañar que el público (y la propia Braddon) la consideraran la perfecta lady Audley sobre el escenario.

El mismo año en que se estrenó la adaptación de Roberts de *Lady Audley's Secret*, Herbert también interpretó a la protagonista de *The Merry Widow* (31 de enero de 1863) de L. S. Buckingham en el St. James's Theatre. En esta obra, Margaret Mildmay (Mrs. Charles Mildmay) es la joven viuda de un coronel de la Compañía de las Indias Orientales. Para evitar el disgusto de su suegra, que es ciega, la «viuda alegre» se ve obligada a ocultar su condición. Con este propósito, y de cara a la galería, la Viuda Alegre sigue asistiendo a fiestas e ignorando el periodo de luto reglamentario, a pesar de la reprobación de los allegados de su marido, que sí son conocedores de su fallecimiento. Sin embargo, hacia el final de la obra la mujer recibe noticias sobre su marido, que finalmente resulta estar vivo y de vuelta al hogar. La falsa viuda, que hasta ese momento había tenido que contener sus emociones, por fin puede «despertarse» de la «pesadilla» de la viudedad justo antes del cierre del telón.[19] Es curioso pensar cómo la vida personal de Ruth Herbert se alinea con la trama de las dos historias, tanto la de lady Audley como la de Mrs. Charles Mildmay, la viuda alegre de Buckingham. Vemos pequeñas pinceladas en su vida (salvando las distancias, por supuesto), ya que ella misma pasó por un matrimonio fallido, fue abandonada y engañada por su marido, Edward Crabb, quien se trasladó a la India a probar suerte como labrador. Además, aunque estaba casada y tenía un hijo durante el álgide de su carrera en las décadas de 1850 y 1860, nunca utilizó su apellido de casada sobre los escenarios, sino que prefirió seguir como Herbert. Más tarde, pese a que los jueces no le concedieron el divorcio de Crabb en 1868, Herbert viajó a Suiza para casarse con su amante, un tal John D. Rochfort, con quien tuvo varios hijos ilegítimos.[20] Como mánager del St. James's Theatre, Herbert tuvo el apoyo del público durante cuatro años (desde 1864 al 1868), siendo la responsable del éxito de obras adaptadas como *The School for Scandal* y *The Rivals*, de Sheridan, *The Jealous Wife*, adaptada del francés por Buckingham, *She Stoops to Conquer*, de Golds-

---

[19] Así lo describe el personaje de la Viuda Alegre antes del final de la obra: «No, no, fue un sueño horrible. Pero ahora estoy despierta, ¿no? No estoy loca, ¿esta carta es realmente de él? Sí, sí, siento que lo es [...] ¡Feliz, feliz esposa! Alabado sea el cielo. ¡No ha muerto! ¡No ha muerto!», del original: «No, no, it was a hideous dream. But I am awake now, am I not? I am not mad-this letter is really from him? Yes, yes, I feel it is [...] happy, happy wife! Heaven be praised! Not dead! Not dead!» (Buckingham, 31 de enero de 1863: 34).

[20] Rowe (14 de septiembre de 2021).

mith, y *Much Ado About Nothing*, de Shakespeare. Todas ellas tienen a mujeres como protagonistas y sus tramas principales se centran en el matrimonio o las relaciones de pareja, lo cual evidencia el profundo interés de Herbert por explorar diferentes situaciones familiares a las que las mujeres de la época debían enfrentarse. Por supuesto, su éxito también nos demuestra el creciente interés del público de mediados de siglo por las historias de mujeres.

En la siguiente subsección hablaremos con detalle del personaje que Ruth Herbert interpreta en *Up at the Hills*, Mrs. Clara Eversleigh, una viuda joven y atractiva que, como hemos visto, seguramente le sirviera de inspiración en sus posteriores obras. Además, a través de su personaje estudiaremos la cuestión del matrimonio concertado y de las *fishing fleets* («flotas pesqueras», en español), mujeres que viajaban a la India con el propósito de encontrar o «pescar» un marido; finalmente, por medio del personaje de Mrs. Isabella Colonel McCann también examinaremos el significado de otro tipo de viudas, las llamadas *grass widows* o «viudas de hierba», si traducimos la expresión literalmente.

2.3. Mrs. Clara Eversleigh y Mrs. Isabella Colonel Mccann: mujeres solas y las *grass widows*

La primera vez que vemos a Mrs. Clara Eversleigh, esta está reclinada sobre una tumbona en el elegante salón de su *bungalow* a los pies de las montañas, en la *hill station*. Mrs. Eversleigh se encuentra rodeada de sus criados indios, que se esfuerzan por mantener la casa en condiciones óptimas y preparar sus vestidos. Sus primeras palabras son para darle indicaciones sobre unas flores a una de sus criadas.[21] Inmediatamente después, otro criado le insiste sobre cuestiones básicas de gestión del hogar, como qué preparar para la cena o qué hacer con las facturas de las compras del mes. A todo esto, Mrs. Eversleigh se muestra lánguida y desinteresada, y le recuerda al criado que esas cuestiones deben ser consultadas con el comandante Stonihurst:

> MRS. E.: ¿Qué hago yo con esto? Pídele al comandante [Major] Stonihurst que lo revise, ya sabes que él siempre comprueba las cuentas [...] ¿Qué haría yo sin él? ahora que me he quedado sola en el mundo —agotada por este espantoso clima indio— siento cada día más su considerada y atenta amabilidad.[22]

Al faltar su marido, ciertas responsabilidades relacionadas con el hogar (por ejemplo, saldar las cuentas de la compra mensual) quedaban sin resolver. Si bien es cierto que las esposas de clase media debían ser dedicadas amas de casa y tomar decisiones relativas al menú diario, la decoración, las compras, etc., no era habitual que ellas

---

[21] Todas las referencias a la obra están tomadas de la edición digitalizada por el Victorian Plays Project, adaptada de la versión publicada por Thomas Hailes Lacy en Londres. También se puede encontrar el manuscrito original en la British Library, Add. MS 52996 H.

[22] «MRS. E.: What have I do to with it? Ask Major Stonihurst to look it over —you know he always checks your account [...] what should I do without him? now that I am left alone in the world— enervated by this dreadful Indian climate—I feel his delicate and thoughtful kindness more and more every day» (Taylor, *Hills*, 1860: 4).

mismas se ocuparan de pagar o gestionar grandes cuentas. Las cuestiones monetarias quedaban a cargo del marido, quien solía recibir y pagar las facturas de las compras que se habían realizado durante el mes en tiendas de comestibles, modistas y similares (Draznin, 2001). Por tanto, que la joven viuda estuviera rodeada de facturas, criados y comerciantes hacía evidente para el espectador decimonónico (tan acostumbrado a una sociedad patriarcal) que en ese hogar faltaba el marido.

La situación es anómala ya de por sí, al tratarse de una mujer sola en un territorio extraño (y sin su marido). La incapacidad de Mrs. Eversleigh se manifiesta en la obra de varias maneras, entre ellas la de la indisposición física, como hemos mencionado anteriormente. En la apertura de la obra, su languidez al estar reclinada sobre la tumbona y sus desganadas respuestas a las preguntas de sus criados nos muestran a una mujer abatida, ya sea por el «espantoso clima», como nos dice, o por su supuesto desamparo. Tal indisposición física se ve afectada (y casi resuelta) en cuanto aparece en escena Stonihurst, haciendo que la viuda inmediatamente le delegue las cuestiones del pago de facturas. Él mismo se encarga de recordarle su indefensión nada más verla:

> STONI.: [...] esos tipos te comerían viva, como mujer desprotegida que eres, si tuvieras que luchar contra ellos sola. Pero pronto terminarás el luto.[23]

---

[23] «STONI.: [...] those fellows would eat you up alive, unprotected female as you are, if you were left to fight them single-handed. But you will be out of your mourning soon» (ibíd.: 6).

Si ya de por sí podía ser agobiante para una mujer verse sola en su país natal, para una que se encontraba en tierras lejanas lo era incluso más. En su estudio sobre las esposas que viajaban con sus maridos a las colonias, Wagner resalta el papel protector de los maridos ante peligros inimaginables, entre los cuales, el que más preocupa a las mujeres decimonónicas, sin embargo, es la soledad (2015: 176). Y no es para menos, ya que, como nos recuerda *The Saturday Review*, las mujeres británicas residentes en la India podían sentirse poco útiles al carecer de ciertas ocupaciones típicas de sus compatriotas: la gran flota de criados que solían tener les privaba del cuidado del hogar y, además, el clima caluroso y agobiante las obligaba a permanecer dentro de casa la mayor parte del tiempo (6 de julio de 1861: 10). Con sus maridos fuera durante la mayor parte del día (algunos incluso durante largos periodos de tiempo), era de esperar que algunas mujeres se vieran acuciadas por la soledad y el desamparo, especialmente las viudas.

No obstante, en las estaciones de montaña sí había mujeres solas (algunas viudas, otras solteras), pues allí algunas podían mantenerse a sí mismas mediante la creación de escuelas para señoritas o niños como la Miss Twentyman's Darjeeling Home School (Kennedy, 1996: 124, 140). Con todo, no era tarea fácil desenvolverse en el entorno principalmente masculino de las colonias y, como hemos mencionado anteriormente, para muchas de ellas era difícil hacer frente a los largos periodos de soledad (Nath, 2022). Así pues, no nos sorprende que en *Up at the Hills* la historia se desarrolle únicamente en el espacio seguro de Mrs. Eversleigh: en el primer acto, en su salón o *sitting room*, donde recibe a los invitados; en el segundo acto, en su habitación o *boudoir*, donde se resuelve la intriga sobre las cartas robadas. De alguna manera, Mrs. Eversleigh hace de anfitriona tanto para los espectadores (en sentido figurado) como para los personajes de la obra, quizá evidenciando, así, cómo sus asuntos han pasado a ser de dominio público al faltar su marido. Aunque es cierto que estaba más aceptado socialmente que las mujeres casadas (y, en este caso, viudas) tuvieran amigos varones —cosa que las solteras debían evitar por riesgo de ser tachadas de inmorales—, en la obra vemos una situación bastante curiosa, ya que Mrs. Eversleigh se queda a solas en el salón de su casa con dos hombres de la Compañía y, después, con Stonihurst.[24] Mrs. Eversleigh, en definitiva, no está en una posición habitual: sin hijos ni marido, su figura resulta casi superflua en una casa en la que ni siquiera ella misma toma las decisiones, sino que son otros los que lo hacen por ella.

A lo largo de la obra, Mrs. Eversleigh se mantiene contenida y frágil, especialmente cuando Stonihurst amenaza con publicar sus cartas. Su autonomía es casi inexistente; primero, con Stonihurst gestionando los asuntos económicos de su hogar y, más tarde, con Mrs. Isabella Colonel McCann, la dominante esposa del coronel, quien se autoinvita a su casa para pasar una temporada sin previo aviso y toma las riendas de la gestión de una casa que no es suya. No podemos evitar comparar a los dos personajes femeninos principales, Mrs. Eversleigh y Mrs. Colonel

---

[24] Perkin (1989: 3-4) analiza cómo para algunas mujeres de clase alta el matrimonio podía ser bastante liberador en cierto sentido, especialmente en cuanto a la flexibilidad de socialización en diferentes círculos y creación de amistades se refiere.

McCann. La primera, como hemos dicho, hace alarde de su desprotección y se muestra irresoluta en un entorno predominantemente masculino; la segunda es una mujer de carácter fuerte que se desenvuelve como pez en el agua entre los subordinados de su marido (la prensa la describe como una *strong-minded woman*, un término empleado muchas veces de manera despectiva y como antónimo del ángel del hogar).[25]

Los personajes de *Up at the Hills* reconocen a Mrs. Isabella Colonel McCann como líder del asentamiento, a pesar de «solo» ser la esposa del coronel a cargo. Los soldados de su marido dependen de ella para todo, le piden consejo y, en definitiva, acuden a ella como acudirían a una madre en busca de apoyo (ella misma los llama «mis chicos»).[26] A diferencia de Mrs. Eversleigh, nuestra joven viuda, Mrs. McCann medra en un entorno supuestamente hostil para las mujeres, pese a la ausencia casi permanente de su marido el coronel. Su ejemplo nos recuerda que en las estaciones de montaña también existe otro tipo de viudas, las *grass widows*. *The American Heritage Dictionary of the English Language* define la expresión *grass widow* así:

---

[25] Consúltese Monrós-Gaspar (2020) para más información sobre la *strong-minded woman*, su significado y su presencia en la escena victoriana de segunda mitad del siglo XIX.

[26] «MRS. MCC: [...] ¿Y cómo se están portando mis chicos? [...] Quiero decir, nuestros oficiales que están de permiso aquí arriba», del original «MRS. MCC: [...] And how have my boys been behaving? [...] I mean, the officers of ours who were on leave up here» (*Up at the Hills*, 1860: 17).

[El término] *grass widow* [viuda de hierba] se registra por primera vez en 1528, y originalmente se refería a una mujer soltera que ha vivido con uno o más hombres, una amante desechada o una mujer que ha tenido un hijo fuera del matrimonio. La palabra «hierba» en «viuda de hierba» parece haber hecho referencia originalmente a la cama improvisada de hierba o heno (en contraposición a una cama real con colchón y sábanas) en la que una mujer podría acostarse con su amante antes de que él se levantara y la abandonara —dejándola viuda, por así decirlo, en la hierba—. A lo largo de la Edad Media y el Renacimiento, la hierba y el color verde en general tenían connotaciones sexuales, en alusión a las manchas verdes que quedaban en la ropa después de revolcarse en el heno [...]. A mediados del siglo XIX, sin embargo, *grass widow* había pasado a referirse principalmente a una esposa cuyo marido está temporalmente ausente o a una que vive separada de su marido. En la India colonial, por ejemplo, se utilizaba para referirse a las mujeres británicas que, durante la estación cálida, se iban a disfrutar del frescor de las montañas mientras sus maridos estaban atrapados en sus trabajos en el calor de las llanuras. Aunque no se sabe con certeza la razón del cambio de significado, es posible que la gente interpretara la hierba en *grass widow* como equivalente a pasto, como en la expresión *out to pasture*.[27]

---

[27] «Grass widow is first recorded in 1528, and originally referred to an unmarried woman who has lived with one or more men, a discarded mistress, or a woman who has borne a child out of wedlock. The grass in grass widow seems to have originally made reference to the makeshift bed of grass or hay (as opposed to a real bed with a mattress and sheets) on which a woman might lie with her lover before he rises and abandons her—leaving her a widow, so to speak, in the grass. Throughout the Middle Ages and the Renaissance, grass

Si durante el siglo XIX la costumbre era clasificar a las mujeres en función de su estado civil, las *grass widows* son un importante grupo que tener en cuenta más allá de las solteras, casadas, viudas y divorciadas. Constituyen un grupo bastante fascinante, ya que gozan de las ventajas y desventajas del matrimonio, pero pasan la mayor parte del tiempo solas. Su estado no parece ser tan «definitivo» como lo es en el caso de las viudas, pero, aun así, son mujeres que encuentran motivación en una situación de necesidad y son capaces de tomar decisiones sobre sus propias vidas, desmontando en cierta manera el mito de las mujeres victorianas pasivas (Mechant, 2015). Este tipo de mujeres son, según la prensa decimonónica, mujeres con predisposición para la picaresca, especialmente cuando transitaban espacios concurridos y fluidos como los barcos que viajaban desde la India hacia Inglaterra —lugares en los que, lógicamente, era habitual encontrarlas en tránsito (*Pall Mall Gazette*, 30 de enero de 1866: 10)—. En la ficción de la época, estas *grass widows* eran personajes atrevidos, como hemos mencionado anteriormente en el

---

and the color green in general had sexual connotations, in allusion to the green stains left on clothing after rolling in the hay. [...] By the middle of the 19th century, however, grass widow had come to refer mainly to a wife whose husband is temporarily absent or one who is living apart from her husband. In colonial India, for example, it was used of British women who, during the hot season, went off to enjoy the cool of the hills while their husbands were stuck at their jobs in the heat of the plains. Although the reason for the change in meaning is not known with any certainty, people may have interpreted the grass in grass widow as equivalent to pasture, as in the expression out to pasture» («grass widow», n., *The American Heritage Dictionary of the English Language*, 2022).

caso de Mrs. Sebright en la comedia *The Overland Route*, de Tom Taylor. Mrs. Sebright se hace pasar por viuda cuando en realidad está casada, aunque distanciada de su marido, por lo que encajaría en nuestra definición de *grass widow*. En otra instancia, en *The Corsican Bothers; or, the Troublesome Twins* (Byron, 1869), se presenta a la *grass widow* Emilie de Lesparre como «una *grass widow*, pero en absoluto *verde*» (Schoch, 2018: 156), evidenciando así en tono cómico su experiencia o madurez. Y no es para menos, ya que para muchas mujeres que habían llegado al matrimonio de manera casi forzada el hecho de estar distanciadas de sus maridos podía resultar tentador (y liberador), especialmente en entornos altamente masculinos como las colonias, o los dedicados al esparcimiento y descanso de oficiales solteros, como las estaciones de montaña (Kennedy, 1996: 126-127).

En el caso que nos ocupa, *Up at the Hills*, Mrs. McCann muestra una autonomía casi inusual en consonancia con su estatus de *grass widow* y hace alarde de cierta predisposición para los enredos:

> MRS. MCC: Sí, a su edad y en su posición, [Mrs. Eversleigh] necesita una amiga de su mismo sexo. Estas estaciones de montaña son tan propensas a jugar con nuestras reputaciones: no podemos ser lo suficientemente precavidas.
>
> STONI.:   Y usted es como la mujer del César: libre de sospecha.

MRS. MCC: Oh, comandante [Major], mi reputación es
lo suficientemente vieja y lo suficientemente desagradable como para cuidarse sola.[28]

Haciendo alarde de su posición superior en la jerarquía
de las esposas, Mrs. McCann no muestra vergüenza alguna
por su reputación, a pesar del reproche de Stonihurst,
que la considera una entrometida. Durante la obra, com-
prendemos que Mrs. McCann se mueve sola a su gusto
por las ciudades, conociendo los asuntos de casi todos
sus compatriotas, saltándose normas de decoro básicas y
autoinvitándose a casas ajenas (como en el caso de la de
Mrs. Eversleigh). Nada más llegar al *bungalow* de nuestra
joven viuda, Mrs. McCann comienza a dar órdenes a todos
los criados de Mrs. Eversleigh, a pesar de la ausencia de la
anfitriona. Las sobrinas de Mrs. McCann, Katie y Margaret, recién llegadas de Inglaterra y acompañándola en su
viaje, se muestran extrañadas por el comportamiento de
su tía y le espetan que quizá deberían esperar a la señora
de la casa antes de tomarse tales confianzas:

KATIE: Prefiero esperar a la señora de la casa.
MARG.:   ¿No se ofenderá de que nos tomemos tantas
           libertades?

[28] «MRS. MCC: Yes, at her age, and in her position, she requires
a friend of her own sex. These Hill stations are so apt to make free
with our reputations—we cannot be too guarded. / STONI.: And you
are like Caesar's wife—above suspicion. / MRS. MCC: Oh, Major,
my reputation is old enough, and ugly enough to take care of itself»
(*Up at the Hills*, 1860: 27).

MRS. MCC: Oh, cuanto más peso me ponga yo sobre los hombros, menos tendrá ella, y más me lo agradecerá.[29]

La extrañeza de Katie y Margaret, las sobrinas de Mrs. McCann, evidencia lo anómalo que era que una invitada dispusiera a su gusto de los recursos de un anfitrión, y, en definitiva, resalta la mecánica tan diferente de la vida en las estaciones de montaña. Katie y Margaret, al ser las recién llegadas, parecen no comprender cómo una mujer podía «arrebatarle» el dominio del hogar a otra; sin embargo, Mrs. McCann, experimentada ya en la vida en las colonias, parece empeñada en salvar a Mrs. Eversleigh de un mar de gestiones del hogar. Mrs. McCann, en su papel de matriarca de la compañía, adopta el rol de su marido, el coronel, y asume ciertas libertades no habituales entre las mujeres de su tiempo. En las colonias, era frecuente que las mujeres de los altos cargos militares adoptaran sus títulos, feminizando así la jerarquía militar y manipulando los límites impuestos a su sexo (McInnis, 2017: 61). Esta manipulación y jerarquización también resultó ser un buen sistema de apoyo entre ellas, pues crea así sororidades entre mujeres que, de otro modo, se hubieran visto solas en territorios extraños. Quizá, y para rescatar nuestra acepción de naufragio, podríamos decir que entre ellas se tendían la mano y se ofrecían botes salvavidas en forma de etiquetas (por ejemplo, organizándose por ran-

---

[29] «KATIE: I'd rather wait for the mistress of the house. / MARG.: Won't she be offended at our making so free. / MRS. MCC: Oh, the more I take on my shoulders the less she'll have on her's, and the more she'll thank me» (ibíd.: 16).

gos y asumiendo ciertos deberes en la vida en sociedad); en definitiva, y como indica McInnis, los «vínculos femeninos» fueron esenciales en la creación de identidades y propósitos propios (2017: 74) que, sin duda, ayudaban a que no quedara nadie a la deriva.

Las etiquetas buscan organizar el mundo que conocemos, de manera similar a lo que en la introducción de este volumen hemos identificado como «geografía oculta» (Kaplan, 1996) o «mapas mentales» (Gotz y Holman, 2018). En *Up at the Hills*, está claro que Mrs. Eversleigh goza de cierta posición social —más allá de su estatus como viuda del difunto comisario— lo que seguramente la coloca en cierta posición a ojos de los demás habitantes de la estación de montaña. A los recién llegados les hablan sobre Mrs. Eversleigh y la llaman «la reina de la belleza» (*Up at the Hills*, 1860: 23).[30] Tunstall, un joven abogado británico destinado en Calcuta, llega a la estación de montaña para descansar. El doctor MacRivett, uno de los conocidos de Mrs. Eversleigh y Mrs. McCann, lo invita a casa de la joven viuda. Allí, Tunstall se sorprende al identificar a Mrs. Eversleigh como Clara Cranstoun, la joven con la que tuvo un corto noviazgo en Inglaterra durante su juventud, y a la que perdió la pista cuando esta se había trasladado a la India para casarse. Tras la sorpresa del reencuentro, la conversación entre Mrs. Eversleigh, ahora viuda, y Tunstall, el que sin duda fue su primer amor, es bastante significativa:

---

[30] «TUNST.: [...] he subido [a la estación de montaña] para ser debidamente despreciado por vuestra reina de la belleza», del original «TUNST.: [...] I've come up to be duly snubbed by your Queen of Beauty [...]» (*Up at the Hills*, 1860: 23).

TUNST.: Lo creerá fácilmente, Mrs. Eversleigh, que no busqué este encuentro.

MRS. E.: Pues si no fue buscado, no hay motivo por el que debamos evitarnos. Somos más sabios que cuando nos separamos hace ocho años.

TUNST.: Sí, ya deberíamos haber aprendido a llevar nuestras máscaras. Y, después de todo, ¿por qué mirar hacia al pasado con dolor? Fue todo para mejor… Si nuestro amor juvenil hubiera continuado, usted nunca habría ganado el gran premio en la lotería matrimonial de la India, y yo no habría hecho fortuna y perdido la cabeza en Calcuta.

MRS. E.: Espero que su vida haya sido más feliz que la mía.

TUNST.: ¡Más feliz! ¿Acaso no hemos tenido los dos mucho éxito? La felicidad era nuestro sueño de niños: ahora sabemos que lo que hay que hacer es ganarse el pan. Usted lo comprendió antes que yo, algo inusual en mujeres de dieciocho años.

MRS. E.: Yo era muy débil y vulnerable, y la voluntad de mi padre siempre había sido la ley para mí —pero yo no era caprichosa ni frívola— sufrí mucho por nuestra separación. Sufriría aún más si pensara que está expresando sus verdaderos sentimientos, pero veo que está hablando desde la amargura de su corazón, y que desea hacerme sentir a *mí* ahora algo del dolor que yo le causé a *usted* hace mucho tiempo.[31]

---

[31] «TUNST.: You will readily believe, Mrs Eversleigh, I did not seek this meeting. / MRS. E.: But if we do not seek, there is no reason why we should shun each other. We are wiser than when we parted

En este intercambio podemos entender la situación de
Mrs. Eversleigh, quien, como nos dice, hace ocho años que
llegó a la India para casarse en un matrimonio concertado
por su padre. Este tipo de acuerdos no era inusual en la
mitad de siglo, especialmente después de que el censo de
1851 hubiera indicado que había un serio «excedente»
estadístico de mujeres en comparación con el número de
hombres. A este supuesto «excedente», se le unía la problemática de lo que algunos llamaban «mujeres redundantes
de clase media» (Dreher, 1993). Por ejemplo, William R.
Greg se lamentaba en «Why are Women Redundant?»
(1862) o «¿Por qué son las mujeres redundantes?» sobre
el exceso en el número de mujeres solteras de clase media
en Inglaterra, ya que, en su opinión, este era el causante
de que muchas se desviaran de sus caminos moralmente
aceptados (la familia) y decidieran involucrarse en asuntos

---

eight years ago. / TUNST.: Yes; we ought to have learnt to wear our
masks by this time. And after all, why look back with pain on the past?
It was all for the best. Had our boy and girl love gone on, you would
never have drawn a great prize in the Indian marriage lottery, and I
should not have made a fortune and lost a constitution in Calcutta.
/ MRS. E.: I hope your life has been happier than mine. / TUNST.:
Happier! Have we not both been eminently successful! Happiness
was our dream as boy and girl—we know now that the thing to look
for is solid pudding. You attained that philosophy before I did—it
is seldom reached at eighteen by a woman. / MRS. E.: I was very
weak and very helpless, and my father's will had always been law to
me—but I was not fickle or worldly—I suffered very deeply from our
separation—I should suffer still more if I thought you were expressing
your real feelings—But I see you are speaking out of the bitterness
of your heart, that you wish to make me feel now some of the pain I
caused you long ago» (*Up at the Hills*, 1860: 24).

de la esfera pública (o que incluso establecieran relaciones amorosas con otras mujeres). Su redundancia, al parecer, era principalmente por su incapacidad de cumplir con su rol naturalmente establecido: casarse, tener hijos y formar una familia (Dreher, 1993: 3). Sin embargo, esta corriente tradicionalista fue cuestionada por los incipientes movimientos feministas de mediados de siglo, movimientos protofeministas liderados por mujeres que principalmente abogaban por una educación más amplia y completa para todas. Entre los remedios propuestos para el problema de la redundancia femenina, el más completo parecía ser la emigración, aunque cada bando tenía sus motivos. Por un lado, la emigración podía ser un buen remedio para la supuesta ociosidad de muchas mujeres incapaces de cumplir con la misión de su sexo; la emigración, defendían los más tradicionales, podía hacer que las mujeres fueran felices haciendo «un trabajo de mujeres» fuera de Inglaterra, casándose y criando.[32] Por otro lado, grupos feministas como el Langham Place y la Sociedad de Emigración de Mujeres de Clase Media (Female Middle Class Emigration Society) enfatizaron el gran papel liberador que la emigración tenía para muchas mujeres y, desde la propia organización, se encargaban de buscar empleo para muchas mujeres antes de viajar a las colonias.

Con todo, como señala De Courcy: «en Inglaterra, un país donde las mujeres superaban en número a los hombres casaderos, una chica sin belleza, dinero o de un gran parentesco, tenía pocas esperanzas [de conseguir un buen matrimonio]; en la India, le llovían las propuestas de

---

[32] *The Illustrated Times* (14 de junio de 1862).

inmediato» (2002: 9).[33] Esta afirmación puede ser algo exagerada, pero, tal y como nos demuestran los personajes femeninos de *Up at the Hills*, las mujeres sí viajaban a las colonias con la esperanza de contraer un matrimonio provechoso. Todas las mujeres inglesas que nos presenta Tom Taylor, es decir, Mrs. Eversleigh, Mrs. McCann y sus sobrinas Kate y Margaret, han viajado desde la India con la intención de casarse (y lo han conseguido). Desde inicios del siglo XIX, la costumbre de enviar a mujeres a los asentamientos coloniales pone de relieve la mercantilización del cuerpo femenino, ya que eran tratadas como mercancía u objetos de intercambio entre los hombres que mandaban sobre sus vidas (padres y maridos). En este sentido, la emigración femenina bien podía constituir un caso de mismo escenario, distinto lugar, ya que debían perpetuar su posición sumisa, solo que lejos de casa. El pasaje era caro, aunque existen evidencias que sugieren que a veces era la propia Compañía de las Indias Orientales la que costeaba el viaje de muchas mujeres, con la esperanza de que así sus soldados no se distrajeran con las nativas. En ocasiones se habla sobre mujeres tan deseadas tras su llegada que incluso tenían varios pretendientes en la recámara para contraer segundas nupcias en caso de fallecimiento del marido.[34]

---

[33] «In England, a land where women outnumbered marriageable men, a girl without beauty, money or grand relations had little hope [of making a good match]; in India, she was showered with immediate proposals».

[34] De Courcy repasa la historia de las *fishing fleets* en su volumen *The Fishing Fleet. Husband hunting in the Raj* (2012).

No obstante, como veremos en el siguiente apartado, para muchas de estas mujeres el viaje terminaba al fallecer sus maridos. Ya hemos mencionado que esa pérdida de estatus o de identidad podía llevarlas a un estado confuso, como nos muestra el personaje de Mrs. Eversleigh; sin su marido, se muestra desganada, fuera de lugar en un territorio que no es el suyo. Tras su reencuentro con Mr. Tunstall, quien fue su primer amor, seguramente uno no condicionado por la voluntad de su padre, Mrs. Eversleigh se permite soñar con una alternativa a lo que parecía estar predefinido para ella, es decir, casarse de nuevo con un militar. Ahora, desde su posición más libre de viuda acaudalada, puede considerar revisitar esos sentimientos que albergaba por Mr. Tunstall, volver a Inglaterra y dejar a un lado la vida en las colonias.

2.4. Mrs. Clara Eversleigh: el luto y la araña

La literatura dedicada a las mujeres británicas en las colonias, especialmente la que habla sobre las *memsahibs* (mujeres blancas casadas de clase media-alta en la India), suele ser bastante escueta en cuanto a la situación de estas cuando fallecían sus maridos.[35] Así, existen algunas incógnitas por resolver: ¿era habitual que las viudas de clase media-alta permanecieran en las colonias? ¿Era posible

---

[35] El término *memsahib* se origina del inglés *ma'am* o «señora» y del hindi *sahib* o «señor» (*Merriam Webster*, 'memsahib', n.). Entre los principales volúmenes dedicados a las *memsahibs* encontramos los de Barr ([1989] 2011), Grewal (1996), Ghose (1998; 2007) y Nath (2022).

para una viuda medrar en la sociedad colonial sin casarse de nuevo? Aunque Kennedy sí menciona brevemente la presencia de viudas británicas autosuficientes en las *hill stations* o estaciones de montaña (1996: 124), el discurso predominante al abordar esta cuestión se inclina por los segundos matrimonios. Es difícil seguirles la pista a estas mujeres porque, aun viudas, seguían utilizando el nombre de sus difuntos maridos (como en el caso de Mrs. Eversleigh en *Up at the Hills*). Como hemos mencionado anteriormente, en este contexto colonial en el que las mujeres blancas escaseaban y en un contexto patriarcal en el que no todas tenían los medios económicos suficientes para subsistir solas, muchas de ellas debían recurrir a las segundas nupcias para poder sobrevivir. En otros casos, lo más habitual era que las mujeres viudas que no contraían matrimonio de nuevo volvieran a Inglaterra, algunas a intentar ganarse la vida con trabajos mal remunerados (y con la pérdida de estatus social que esto conllevaba para ellas). Sin embargo, para muchas, el simple hecho de comprar un pasaje de vuelta no resultaba tan sencillo, sobre todo si tenían problemas económicos; como veremos en esta sección a través del personaje de Mrs. Eversleigh, el retorno a Inglaterra podía demorarse o, en caso de aquellas mujeres no tan acaudaladas, no llegar nunca.

En la primera sección de este capítulo hemos repasado brevemente el marco legislativo de Inglaterra durante el siglo XIX en lo que respecta al tratamiento de las viudas. Como hemos visto, aunque solían contar con la benevolencia de sus coetáneos, la ley no siempre reconocía sus necesidades y dejaba desamparadas a muchas de ellas. En la India, la situación no era demasiado diferente, y, además, debían hacer frente a la censura de sus coetáneos, quienes a menudo las tachaban de inmoralidad al tratar el matrimonio como un mero intercambio o negocio. Barr menciona cómo algunas de las viudas de los oficiales de alto cargo escribieron cartas a las autoridades para que se les pagara lo suficiente para volver a Inglaterra, mientras que las casadas con soldados rasos debían confiar en un segundo matrimonio como medio de supervivencia (2011: 66). Así pues, para evitar la ruina, muchas de ellas debían encontrar un reemplazo al quedar viudas, lo que para muchos constituía casi un modo de prostitución (MacKay, 2023: 27). Para los acostumbrados a los encorsetados entornos sociales y morales de Inglaterra, la vida en las colonias podía ser un tanto libertina; las que vivían en los cuarteles eran inevitablemente censuradas por sus coetáneos, ya que vivían rodeadas de «hombres borrachos y semidesnudos, oyendo poco más que blasfemias y groserías, y rodeadas de influencias que hacen casi imposible la decencia» (Barr, 2011: 97). En cierto modo, se culpabiliza al entorno y a la naturaleza influenciable de las mujeres; tal y como menciona la escritora y viajera Marianne Postans,

> [cómo] puede la sociedad maravillarse de que, con tales circunstancias a su alrededor, la mujer europea en la India se convierta en su víctima, o caiga en la práctica de la deshonestidad, la embriaguez y el libertinaje, por los que es tan comúnmente y tan severamente reprendida.[36]

---

[36] «[...] can society marvel, that with such circumstances around her, the European woman in India becomes their victim, or falls into the practice of that dishonesty, drunkenness, and debauchery, for which she is so commonly and so severely upbraided» (Postans, citado en Ghose, 1998: 278-279).

Estas ideas son un reflejo de la percepción que la sociedad decimonónica tenía de las mujeres. Eran infantilizadas y menospreciadas, consideradas seres emocionales y necesitadas de la protección de los hombres. Para los más tradicionales, las mujeres, aunque superiores moralmente por naturaleza, tenían mentes débiles, por lo que debían ser resguardadas de toda amenaza o vicio externo que pudiera corromper su divinidad, de ahí la gran dicotomía entre el ángel del hogar (delicada y sumisa) y la *strong-minded woman* (mujer de carácter fuerte que verbalizaba sus ideas). Estos argumentos serían grandes barreras para la lucha por la igualdad de género y el derecho de las mujeres a una educación completa, más allá del ámbito doméstico.[37] De igual manera, en lo que se refiere a la movilidad de las mujeres, los desplazamientos físicos podían considerarse una amenaza a su seguridad e integridad moral; en otras palabras, una «disposición errante» podía ser causa de naufragio moral y social, y, en este caso, ¿acaso no son seres errantes sin una posición fija?[38]

Como hemos mencionado, aunque el ideal femenino era el del ángel del hogar, en las colonias las *memsahibs* presentaban dificultades para alcanzar dicho estatus. Por ejemplo, según los más conservadores, la vida en la India hacía imposible para las mujeres seguir sus caminos moral-

---

[37] Consúltese Levine (1994) para más información sobre los movimientos feministas de la segunda mitad del siglo XIX.

[38] Kate Tennant (2016: 55-56) rescata un texto de la *British Mothers' Magazine* de 1855 en el que se aboga por mujeres inmóviles que permanecen en sus casas como «guardianas». En el artículo se habla de manera peyorativa sobre aquellas que pasean debido a su «disposición errante» o *roving disposition*.

mente aceptados de buenas esposas, amas de casa y madres —lo que intensificaba la asociación de mujeres fuera del hogar (o, en este caso, el entorno doméstico tradicional) con la perversión de sus identidades (Steinbach, 2004: 214-215)—. Si bien es cierto que las *memsahibs*, mujeres de clase media-alta, luchaban por crear pequeñas réplicas de la sociedad gentil de la época en un territorio diferente, tampoco acaban de encajar en el molde de feminidad preestablecido por diversas razones: primero, porque aunque sabemos que solían formar comunidades y buscaban la compañía de mujeres de su mismo rango, las *memsahibs* se encontraban en un ambiente predominantemente masculino; segundo, porque el clima, los desencuentros bélicos y la organización de las ciudades hacían imposible para muchas de ellas el cuidado de los hijos e hijas, que casi siempre eran enviados a internados en Inglaterra. Además, por razones médicas (aparte de clasistas y racistas), se solía recomendar a las madres inglesas que enviaran a sus hijos fuera de la India —se creía que, si los niños y niñas pasaban demasiado tiempo allí, podían adoptar las costumbres «inmorales» de los nativos (Steinbach, 2004: 214)—. Igualmente, con todas estas expectativas sobre ellas, debían sobrevivir en una sociedad que, por mucho que se intentase, funcionaba de manera diferente a la establecida. En *Up at the Hills* este choque cultural se ve reflejado en las más recientes habitantes de la estación de montaña, Katie y Margaret, las sobrinas de Mrs. McCann. Ellas no están acostumbradas a que les sirvan criados, pero Mrs. McCann les dice que pronto lo estarán (1860: 17). Como muestra de lo que el entorno de las colonias podía hacer en el carácter de las mujeres británicas, Taylor nos muestra a Katie, totalmente dependiente y apática, y a Margaret, que en cambio siente un irrefrenable deseo por ser útil en una sociedad que no es la suya, tomando el camino filantrópico que muchas otras mujeres habían seguido al llegar a la India.[39] Debemos tener en cuenta la historia de rechazo por parte de la sociedad inglesa (especialmente, por parte de los grupos de mujeres más progresistas en fundaciones filantrópicas) hacia la tradición de la inmolación de las viudas indias, una práctica llamada *sati* en hindi. El debate sobre la situación de las viudas indias estaba candente desde 1830, cuando varios grupos de mujeres inglesas escribieron al Parlamento británico para solicitar que se erradicara el *sati*, una práctica en la que se quemaba a la viuda en la misma pira funeraria que al difunto marido. Posteriormente, este argumento fue usado por las feministas en Inglaterra para abogar por unas mejores condiciones para las mujeres inglesas como sociedad «civilizada», comparándola con la sociedad india y categorizando esta última de inferior o «salvaje» (Hall, 2002: 432). En *Up at the Hills*, el Dr. MacRivett resalta cómo la India está perjudicando a la familia tradicional, ya que es el matrimonio concertado de Mrs. Clara Eversleigh lo que la separa de su verdadero amor, Mr. Tunstall; si no hubiera sido por la misión colonial, nos dice, Clara no habría sido enviada a la India para casarse con Mr. Eversleigh y se habría podido casar con Mr. Tunstall, vivir en una casa respetable en Londres y tener varios hijos (25). La crítica, por ejemplo,

---

[39] Para más información sobre las mujeres inglesas y sus tareas filantrópicas en la India durante el periodo colonial, consúltese Procida (2002: 165-192).

también incide en cómo los personajes de *Up at the Hills* no buscan idealizar la sociedad en la India, y espeta su antipatía por Mrs. Eversleigh por haber flirteado con el comandante Stonihurst incluso mientras su marido vivía:

> Confesamos que no sentimos demasiada simpatía por esta dama [Mrs. Eversleigh], quien parece haber comenzado su flirteo con su admirador [Major Stonihurst] mucho antes del fallecimiento de su difunto marido. Pero al Sr. Taylor no parece importarle la moralidad de sus personajes; todos son criaturas frágiles y descarriadas, y pide nuestra compasión para sus hombres y mujeres por su veracidad. [Taylor] retrata, no intenta idealizar. No percibimos, por tanto, en sus escenas más propósito que el de presentar un conjunto de personajes realistas —ninguno bueno, todos malos o mediocres— que componen un cuadro con varias situaciones, sin ningún objetivo moral (*Illustrated London News*, 3 de noviembre de 1860: 417).[40]

De ser así, Taylor habría reflejado en su obra cómo algunas mujeres como Mrs. Eversleigh viajaban a las colonias y cumplían con su deber doméstico según lo establecido por la ideología de género de la época y, con

---

[40] «We confess we have no very intense sympathy with this lady, who seems to have begun her flirtation with her admirer long before her late husband's decease. But Mr. Taylor appears to care nothing for the morality of his characters; they are all frail, erring creatures, and he demands our pity for his men and women on the score of their reality. He photographs; he does not attempt to idealise. We perceive, therefore, no purpose in his scenes beyond that of presenting an assemblage of lifelike characters—none good, all bad or indifferent— who compose a picture of portraitures, without any moral object».

todo, se permitían pequeñas «desviaciones». Eran «criaturas frágiles y descarriadas», como nos indica la nota de prensa arriba mencionada, pero sus historias parecen ser realistas, al fin y al cabo. Es comprensible que la prensa tuviera dudas sobre el carácter moral de Mrs. Eversleigh, quien parece haber continuado su flirteo con el comandante [major] Stonihurst durante su periodo de luto:

> MRS. E.: [...] Estaba tan feliz, tan cómoda, sola. Pero mientras [Mrs. McCann] esté aquí, adiós a nuestros paseos matutinos, nuestros paseos a caballo por las colinas...
>
> STONI.: A nuestras largas y tranquilas tardes en la veranda, sin más sonido que la música de tu voz, la luna en el cielo despejado sobre nuestras cabezas, y ante nosotros, la majestuosa presencia de las montañas. Clara, es difícil renunciar a todo esto.[41]

Esta conversación que mantienen Mrs. Eversleigh y major Stonihurst antes de la llegada de Mrs. McCann a casa de la joven viuda nos da pistas sobre las rutinas que la protagonista ha seguido desde el fallecimiento de su marido. Como ella misma afirma, se encuentra muy cómoda y feliz sola, fuera del matrimonio. Por tanto, tiene sentido que una vez que Mrs. Eversleigh ha cumplido con

---

[41] «MRS. E.: [...] I was so happy—so comfortable, by myself. But while she's here, adieu to our *tete-a-tete* morning rides about the hills— / STONI.: Our long, quiet verandah evenings, with no sound but the music of your voice—the unclouded moon over our heads, and before us the majestic presence of the mountains. Clara, it's hard to renounce all this» (*Up at the Hills*, 1860: 8-9).

su misión colonial (aunque, como parecemos intuir, sin culminar la creación de una familia con hijos —en ningún momento se menciona que los Eversleigh hayan tenido descendencia—) esta pueda considerar volver a su país. Mrs. Eversleigh parece sincerarse por primera vez a su viejo amigo Tunstall:

> TUNST.: [...] el Dr. MacRivett me ha dicho que ha perdido usted a su marido.
> MRS. E.: Hace once meses.
> TUNST.: Entonces, ¿su vínculo con la India está roto?
> MRS. E.: Sí, solo estoy esperando a que llegue el frío y a tener un poco más de fuerzas para dejar el país, ¡oh, con qué ansia!
> TUNST.: Me alegro; habrá menos peligro en que recordemos viejos momentos juntos, me siento terriblemente nostálgico. Recordar con usted nuestra vida en el pueblo de Derbyshire me curará o me...
> MRS. E.: Será la cura, una cura que debemos recetarnos mutuamente.[42]

---

[42] «TUNST.: Forgive me—I am talking foolishly as well as cruelly—it is little use either blaming or regretting. Dr. MacRivett tells me you have lost your husband. / MRS. E.: Eleven months ago. / TUNST.: Then your tie to India is severed? / MRS. E.: Yes—I am only waiting for the cold weather, and a little more strength to leave the country—oh, how eagerly! / TUNST.: I am glad of that—there will be less danger in recalling old recollections together—I am frightfully home-sick. To retrace with you our Derbyshire village life will work in me either a cure or a— / MRS. E.: It shall be a cure—we must prescribe for each other» (*Up at the Hills*, 1860: 24-25).

En cierto sentido, ahora que su vínculo con la India se ha roto y ha quedado viuda, Mrs. Eversleigh puede tomar decisiones por sí misma (por supuesto, dada su situación de viuda acaudalada). A pesar de lo que nos pueda haber parecido al inicio de la obra, cuando vimos una versión de Mrs. Eversleigh apática, indecisa y dependiente de un hombre, en esta conversación con Mr. Tunstall parecemos comprender que, internamente, Mrs. Eversleigh sí se ha permitido hacer planes por su cuenta. Esto difiere bastante de lo que los demás miembros de la estación de montaña esperan de una viuda acaudalada como ella: que se vuelva a casar y permanezca en la India. Quizá por este discurso interno de Mrs. Eversleigh, esta mantiene a major Stonihurst a raya, pidiéndole paciencia hasta que el año de luto haya concluido (*Up at the Hills*, 1860: 12-13).

El luto de las viudas durante el siglo XIX era bastante riguroso; como hemos mencionado brevemente al comentar la obra de *The Merry Widow* (Buckingham, 1863), este luto conllevaba ciertas normas sociales y de comportamiento, quizá de manera más estricta en el caso de las mujeres. Lou Taylor ([1983] 2009) explica cómo las duras restricciones estaban justificadas por la prevalente idea de sumisión de las esposas en los matrimonios y la convicción de que sus identidades, al estar ligadas a las de sus maridos, también morían en cierta manera con ellos. Las viudas debían vestir de negro riguroso durante al menos dos años, pudiendo utilizar colores más laxos como el gris, el lavanda y el blanco y negro durante los últimos seis meses. Además, se les exigía un aislamiento social casi completo, ya que debían evitar asistir a fiestas y reuniones y tampoco podían invitar a conocidos a sus casas o transitar espacios públicos; así, únicamente las visitas de familiares cercanos estaban bien vistas (Jalland, 1996: 301). En *Up at the Hills*, sin embargo, vemos un *bungalow* permanentemente abierto a las visitas de los conocidos de Mrs. Eversleigh, incluso antes de que haya concluido el primer año de luto. En las colonias, y especialmente en las estaciones de montaña, parecen hacerse excepciones en el decoro del momento.[43]

Debemos recordar que el ejemplo de Mrs. Eversleigh es bastante anómalo; ella es una privilegiada gracias a su posición social. Mrs. Eversleigh se puede permitir pensar en volver a su país con ciertas comodidades, mientras que otras mujeres no tan afortunadas debían recurrir a organizaciones caritativas como, por ejemplo, The Royal Cambridge Asylum for Soldiers' Widows, situado en Kingston-on-Thames, al suroeste de Londres, el único destinado a dar cobijo a las viudas de soldados desamparadas. Este asilo estaba pensado para las que no tenían apoyo económico ni del Gobierno ni de sus familiares, independientemente de su edad. Aun así, no era una institución muy espaciosa: en 1871 alojaba a un total de 51 viudas, del máximo de 56 que podía acoger (*Broad Arrow*, 3 de junio de 1871: 684). Desde 1708 las viudas de los oficiales del ejército tenían derecho a percibir pequeñas pensiones, pero no fue hasta 1854 que por orden de la reina Victoria se creó la Royal Patriotic Fund. Esta fundación aceptaba donaciones monetarias para así poder repartirlas entre las viudas de los soldados caídos durante la guerra

---

[43] El comandante Stonihurst así se lo hace entender a Mrs. Eversleigh: «no somos tan estrictos en la India, ¿sabes?», del original «but we are not so straitlaced in India, you know» (*Up at the Hills*, 1860: 7).

de Crimea. Más tarde, en 1885, se fundó la Soldiers' and Sailors' Families Association (Muller, 2014). Todas ellas funcionaban en paralelo a la Poor Law, que dejaba bastante que desear en su atención a las viudas y huérfanos de soldados. Las ayudas a menudo no eran suficientes y muchas de las viudas menos acaudaladas debían buscar un trabajo, siendo los más habituales el de costureras (que podían realizar desde sus propias casas) y el de lavanderas (Trustram, 1984: 169).

En lo que respecta al retorno al país de origen, según nos indica Ghosh (2003), cabe suponer que la mayoría de las viudas de oficiales en la India habrían sido enviadas de vuelta a Inglaterra, ya que la Compañía de las Indias Orientales efectuaba el pago de sus pensiones de manera bianual en sus oficinas de Londres; por supuesto, para ello, antes debían cumplir con ciertos requisitos (debían probar que eran de ascendencia «europea»).[44] Esto, indudablemente, estaba fundamentado en el rechazo del momento por los matrimonios birraciales —una situación que se había intentado evitar a toda costa mediante la promoción de la emigración de mujeres europeas, como hemos comentado anteriormente—.

En *Up at the Hills*, la misión colonial tal y como la entendía la Compañía de las Indias Orientales resulta fallida debido al cambio de rumbo de nuestra protagonista Mrs. Eversleigh. Al final de la obra, tras descubrir la verdadera intención de Stonihurst (casarse con ella

---

[44] Utilizamos aquí el término *europea* de igual manera que Ghosh (2003) y los documentos de la época lo hacen. En ese momento, *europeo* o *European*, en inglés, se empleaba como eufemismo de *blanco*.

por su dinero), Mrs. Eversleigh decide no cumplir con las expectativas de contraer matrimonio con otro militar y permanecer en la India; en su lugar y aunque la obra lo deja caer de pasada, todo apunta a que Mrs. Eversleigh volverá a Inglaterra y se casará con Mr. Tunstall, su viejo conocido y primer amor. El personaje de Stonihurst es «castigado» (según los códigos morales de la época) con un matrimonio interracial, ya que, al ser rechazado por la joven y acaudalada viuda, debe recurrir a casarse con su *ayah* o criada nativa, Monee.[45]

Este cambio de rumbo de Mrs. Eversleigh, aunque es cierto que está totalmente justificado por la doble naturaleza de Stonihurst y su falta de honestidad, también da una pincelada más sobre el carácter de la joven protagonista. Generalmente, Mrs. Eversleigh es definida por los demás personajes: una «mujer desprotegida», según nos dice Stonihurst, pero también la «reina de la belleza», de acuerdo con otros residentes en la estación de montaña. Ella misma se define como «muy débil y vulnerable», pero nunca caprichosa o frívola, pese a lo que Mr. Tunstall

---

[45] Esta decisión de Taylor fue bastante cuestionada por la prensa. Por ejemplo, el *Times of India* relató el suceso así: «El Sr. Taylor ha representado a un coronel indio casándose con una Ayah; una circunstancia tan sorprendente y agravante que nos sorprende no haber oído de las muertes repentinas de muchos viejos soldados apopléticos que habían estado desafortunadamente presentes en la representación», del original «Mr. Taylor has represented an Indian Colonel as marrying an Ayah; a circumstance so startling and aggravating that we are surprised we have not heard of the sudden deaths of many apoplectic old soldiers who had been who had been unfortunately present at the representation» (*Times of India*, 2 de septiembre de 1861: 4).

pudiera haber pensado por haberle rechazado en su juventud. Sin embargo, por otro lado, también se le considera algo falsa; en su primera conversación con Tunstall, él hace alusión a las máscaras que deben llevar en sociedad y se muestra resentido por su cambio de parecer. En esta ocasión, parece que la historia de decepción se repite, al cambiar Mrs. Eversleigh de idea con respecto a su compromiso con Stonihurst. Además, Mrs. McCann no duda en criticarla por su comportamiento con los hombres en una de sus conversaciones:

MRS. E.: Bueno, Isabella, ¿le has visto? [a major Stonihurst]

MRS. MCC.: Sí; puedes dormir en paz, nunca entregará tus cartas.

MRS. E.: Y todo gracias a ti.

MRS. MCC.: Sí, siendo sincera, puedo decir que es gracias a mí, a nadie más.

MRS. E.: No podría haber dormido con esa espada pendiendo sobre mi cabeza.

MRS. MCC.: Una espada de tu propia forja, que siempre son las más afiladas. Y ahora, buenas noches.

MRS. E.: Buenas noches.

MRS. MCC.: [cogiéndole el pelo a Mrs. E.] ¡No me extraña que las moscas queden atrapadas en esta telaraña dorada! ¡Pobre Tunstall! ¿Será él el próximo en ser devorado, pequeña araña insaciable?[46]

---

[46] «MRS. E.: Well, Isabella, have you seen him? / MRS. MCC.: Yes; you may sleep in peace; he will never produce your letters. / MRS. E.: And I have to thank you for this. / MRS. MCC.: Yes; without af-

Como podemos observar en esta conversación, Mrs. McCann culpabiliza a Mrs. Eversleigh de su desgracia; su reputación pende de un hilo porque Stonihurst amenaza con publicar las cartas que ambos intercambiaron cuando Mr. Eversleigh aún vivía. Estas cartas, presuntamente de carácter romántico, habrían hecho mella en la reputación de nuestra joven viuda, quien podría haber sido acusada de adulterio. Mrs. Eversleigh se muestra agradecida a Mrs. McCann, cumpliendo así (al menos, de cara a la galería) con su rol de mujer atenta. Aun así, Mrs. McCann parece intuir algo más en el carácter de nuestra protagonista, y la compara con una «pequeña araña insaciable» que atrapa a los hombres con su belleza y los devora. Su pelo dorado, distintivo de su belleza, actúa de manera metafórica como una red en la que los hombres quedan enredados como moscas. En la segunda sección de este capítulo hemos visto cómo estas comparativas también ocurrían fuera de los escenarios, en el caso de la actriz que da vida a Mrs. Eversleigh, Ruth Herbert, a menudo era reconocida por su gran belleza (y sus relaciones con hombres ilustres). Por supuesto, que Mrs. McCann asemeje a nuestra joven viuda a una araña no es casual y nos hace asociar *araña* con el arquetipo de *viuda negra*. Durante el siglo XIX, como nos indican Michalski y Michalski (2010: 98), la popularización de este

---

fectation I may say you have—nobody but me. / MRS. E.: I could not have slept with that sword suspended over my head. / MRS. MCC.: A sword of your own forging, too—they are always the sharpest; and now, good night. / MRS. E.: Good night / MRS. MCC.: (taking up her hair) I don't wonder the flies are caught in this golden web! Poor Tunstall! Is he to be the next eaten, you insatiable little spider?» (*Up at the Hills*, 1860: 56).

arquetipo era un reflejo de la crisis de los valores familiares tradicionales y de las estructuras patriarcales. Asimismo, en su volumen imprescindible para los interesados en la iconografía femenina, Dijkstra (1986: 167) menciona cómo durante el siglo XIX existía la creencia de que las mujeres eran meras bestias cuando no estaban bajo la supervisión de los hombres; de esta manera, y como apunta Lokis-Adkins (2018), las viudas podrían entenderse como seres inhumanos, con una estabilidad mental y capacidad racional cuestionable al no estar bajo la tutela de ningún hombre. Esta desviación de la norma o de lo «natural» posiciona a las viudas fuera de los límites sociales y las hace inequívocamente náufragas. Como señala Stott, este tipo de mujeres, también a menudo consideradas *femme fatales*, se encuentran siempre «fuera», ya sea de manera literal o metafórica (1992: 37). Además, la demonización de las mujeres más transgresoras y su comparación con la figura de la voraz viuda negra muestra, una vez más, la ansiedad social ante la cambiante identidad de las mujeres de la época; esta viuda negra era, al fin y al cabo, una criatura amenazante, libre de cargas y obligaciones familiares. Como hemos observado en el caso de Mrs. Eversleigh, una vez libre de su padre y su marido, su soledad se percibe como desprotección a ojos de los demás.

En conclusión, el personaje de Mrs. Eversleigh va más allá de una primera impresión simplista, es mucho más que un *token* de belleza o el objetivo aspiracional para muchas mujeres emigrantes. De alguna manera, aprovecha la supuesta desprotección de las viudas de la época para sobrevivir en un entorno a menudo hostil y amenazante. Su belleza y su posición económica aventajada le permiten ganar tiempo hasta cumplir su objetivo (en este caso, volver a Inglaterra, quizá casada con el hombre al que ama, Mr. Tunstall). Como hemos visto anteriormente y en consonancia con lo que algunos decimonónicos pensaban sobre el matrimonio, Mrs. Eversleigh ha cumplido con su breve periodo de *servidumbre* según lo impuesto por su padre y luego por su marido, y ahora ha quedado *libre* para seguir un camino no disponible para muchas otras.[47] Así pues, aunque su naufragio la deja en un limbo típicamente atribuido a las viudas, también le permite crear ciertas alianzas ventajosas: primero con Stonihurst, con quien establece una relación romántica aun poniendo en riesgo su propia reputación al dejarse ver con él durante su periodo de luto; y después, con Mrs. McCann, quien le ofrece una protección casi maternal, salvándola de las amenazas de un hombre interesado en su dinero. De esta manera, Mrs. Eversleigh resulta un ejemplo fascinante de la duplicidad y resiliencia de las viudas, mostrándose en ocasiones como mujer desprotegida y, en cambio, saliendo a flote en cada una de sus desventuras.

---

[47] Empleamos aquí los términos *servidumbre* y *libre* de igual manera que en el extracto del artículo del *Pall Mall Gazette* mencionado en la primera sección de este capítulo (30 de junio de 1866: 10).

3. Prostitutas

En el caso de las que no consiguieron (o no quisieron) adherirse a las normas, otro tipo de calificativos o etiquetas nos vienen a la mente, quizá con connotaciones más negativas. Como antítesis del ángel del hogar (o *angel in the house*), los decimonónicos ingleses utilizan términos como *fallen woman* o «mujer caída», *demimonde* o «mujer mundana», o incluso *Anonyma* o «anónima», todos ellos comúnmente usados como eufemismos para referirse a las prostitutas. Aun así, existe cierto debate sobre si el término *fallen woman* únicamente equivalía a «prostituta», ya que a menudo simplemente se asociaba a mujeres caídas en desgracia tras haber sido seducidas y abandonadas (Sutphin, 2000: 513). El significado del término *demimonde* también evolucionó a mediados del siglo XIX, refiriéndose tanto a las mujeres que habían perdido su estatus tras algún escándalo amoroso o sexual, como a las que estaban más cerca de ser prostitutas que mujeres respetables (Eltis, 2013: 72). A mediados del siglo XIX, también se habla sobre la *fast girl* y la *girl of the period*, términos casi intraducibles que servían como calificativo peyorativo para las mujeres que transgredían las normas de decoro sociales y se mostraban más laxas en cuanto a la moralidad y su comportamiento.[1]

En la introducción de este libro hemos hablado sobre *náufragas* siguiendo a Emilia Pardo Bazán para referirse a mujeres desafortunadas y rechazadas por la sociedad. En Inglaterra, otros autores y autoras como la poeta, traductora y dramaturga Augusta Webster (1837-1894) también utilizaron su equivalente en inglés, *castaway*, en este caso para aludir a una prostituta. En el monólogo dramático «A Castaway», publicado en su antología *Portraits* (1870: 35-62), Webster escribe desde el punto de vista de Eulalie, una joven prostituta de clase media.[2] Alejándose de las ideas preconcebidas sobre el entorno social de las prostitutas victorianas, Webster presenta al lector a una joven de clase media que ha recibido la educación tradicional de tales muchachas: ha estudiado francés, ha recibido lecciones en historia, sabe coser, sabe cantar, sabe preparar el té. Pero ¿de qué le ha servido?, se lamenta la protagonista. Eulalie conoce lo que se dice sobre las prostitutas y sabe bien que ya no existe un lugar para ella en lo que antes era su hogar, la sociedad respetable: es la creencia del *once fallen, always fallen* que se extendió en su momento (una vez que una mujer ha caído en desgracia, siempre será una mujer caída en desgracia).[3] En el poema, Eulalie utiliza una potente

---

[1] Explicaremos el origen y significado de la expresión *girl of the period* en la sección 3.2. de este capítulo.

[2] No se han encontrado traducciones al español del trabajo de Webster.

[3] Logan (1998: 70-1) atribuye la creencia del *once fallen, always fallen* a la rígida ideología de género y sexual de la época. En el poema «A Castaway», Webster lo equipara a cómo una mujer degradada no

iconografía marítima para describir su hundimiento o naufragio y su caída en la prostitución:

> Oh, he errado a la merced de vientos furiosos
> y he sufrido un ignominioso naufragio, hoy no
> hay brisa celestial que pueda devolverme
> al buen camino, ni mano alguna que pueda
> rescatarme del atolladero en el que me hallo.[4]

El ejemplo de Eulalie en «A Castaway» da voz a muchas otras mujeres en su misma situación, demostrando que incluso las que más han «caído» o naufragado podían hacer un ejercicio de autoconocimiento y eran capaces de reflexionar tanto sobre su situación personal como sobre el lugar en el que la sociedad las colocaba. Y es que, como se pregunta Sutphin (2000), ¿es realmente posible que una prostituta muestre signos de autocrítica y se avergüence sobre su estado? En una sociedad en la que las mujeres eran constantemente etiquetadas en función de su comportamiento, aspecto y origen, resultaba bastante innovador (y problemático) darle voz a las últimas del escalafón social. Siguiendo otros intentos de visibilizar y dar voz a las prostitutas del siglo XIX,[5] en este capítulo analizamos el

---

podía volver al hogar: «[...] You go back to the old home, / and 'tis not *your* home, has no place for you, / and, if it had, you could not fit you in it» (1870: 44).

[4] «Oh, I have drifted on before mad winds / and made ignoble shipwreck, not to-day / could any breeze of heaven prosper me / into the track again, nor any hand / snatch me out of the whirlpool I have reached» (Webster, 1870).

[5] Véase Attwood (2011), Borham-Puyal (2020), Epstein-Nord (1995), Nead (1988), Ryan ([1997] 2018), Sutphin (2000) y Walkowitz (1980; 1992), entre otras.

personaje de Formosa (Jenny Boker) en la obra *Formosa, The Most Beautiful; or, The Railroad to Ruin* de Dion Boucicault, que se estrenó en el Drury Lane Theatre de Londres el 5 de agosto de 1869. Como veremos, Boucicault es pionero en dar a conocer otra versión de la cortesana decimonónica sobre los escenarios, teniendo así que enfrentarse a la censura y reprobación de sus coetáneos. A través de la historia de Formosa (o Jenny, como está indicado en la lista de personajes de la obra), conoceremos cómo la ciudad se tornaba un espacio hostil (mar agitado) para las mujeres, reconsideraremos el naufragio como punto de resurrección para muchas de ellas y, finalmente, cuestionaremos si la reinserción de estas mujeres era posible.

3.1. Dion Boucicault y la crítica a *Formosa* (1869)

La prensa llenó columnas y columnas sobre *Formosa*, la protagonista de moralidad cuestionable de la obra homónima de Dion Boucicault. La obra, llevada a escena por primera vez el 5 de agosto de 1869 en el Drury Lane Theatre de Londres, llamó la atención por varios motivos. El principal, sin duda, fue por lo que indica Eltis: la protagonista era la primera cortesana moderna de origen inglés que se veía sobre los escenarios (2013: 74). En la obra, Boucicault nos presenta a una joven inglesa de origen humilde, Jenny, quien lleva una doble vida: en el campo (si podemos considerar Oxford como tal), se muestra como una hija devota de sus padres, ayudándoles en su negocio familiar; en la ciudad de Londres, Jenny se transforma en Formosa, y es vista paseándose en carruajes elegantes, yendo a la ópera y volviendo a horas intempestivas —para una señorita— a su casa elegante en Fulham. Además, en Londres, suele ir acompañada de hombres y se codea con mujeres de reputación dudosa. Era lo que muchos consideraban una cortesana o prostituta londinense de alto *standing*. En la ciudad, Jenny se pasea con diferentes nombres (se la conoce como Mrs. Lascelles, lady Arthur Pierpoint y, principalmente, Formosa), aunque en los diálogos del guion teatral y en el listado de personajes siempre aparece simplemente como «Jenny».[6] Utilizar el nombre de «Formosa» es el que le da un aire de exotismo a una protagonista que se nos muestra agobiada por la doble moral de Londres y tener que mantener una doble vida para conservar su fachada de respetabilidad delante de sus padres y conocidos. Indudablemente, se trata de una trama extremadamente controvertida para la época y no es de extrañar que diera tanto que hablar. Sin embargo, pese a la polémica, *Formosa* disfrutó de una larga temporada en el teatro e incluso fue reestrenada años después en el propio Drury Lane Theatre, en mayo de 1891.[7] Con todo, hoy en día, en el ámbito del *sensation drama*, *Formosa* es más reconocida por una escena en la que se representa una espectacular carrera de regatas entre los equipos universitarios de Oxford y Cambridge.

---

[6] Es curioso que Boucicault decidiera utilizar dicho nombre para su protagonista, ya que en 1858-1859 D. G. Rossetti había escrito y publicado de manera privada un poema con el mismo título sobre una prostituta llamada Jenny (Rossetti, 1913).

[7] Consúltese Whelan (2014).

En lo que respecta a la cuestionable elección de protagonista, los biógrafos de Mr. F. B. Chatterton, mánager del Drury Lane y amigo de Boucicault, afirman que tanto el autor como el mánager se aprovecharon de la reputación de la controvertida protagonista, Jenny/Formosa, y no dudaron en avivar el debate en los periódicos (Whelan, 2014). Por un lado, el propio Boucicault escribía cartas al editor utilizando seudónimos para criticar su obra; por otro, ambos mandaban misivas defendiendo la inclusión de la obra en el repertorio del reputado Drury Lane Theatre. No sabemos si fue debido a tales acciones de *marketing*, pero lo cierto es que *Formosa* terminó generando beneficios de 10.000 libras y tuvo 117 pases tras su estreno (sin contar con futuros *revivals* y adaptaciones en otros teatros). Uno de los principales motivos por los que se atacó tan duramente a *Formosa* fue el hecho de su «perversión». Según los más conservadores, el personaje de Jenny era gravemente perjudicial para la inocencia de las «mentes femeninas». Esto ocurrió en pleno revuelo sobre la incipiente lucha por la educación de las mujeres, impulsado principalmente por los grupos feministas del momento. Pese a tales esfuerzos, seguía habiendo un intento de proteger a las mujeres y a sus «mentes débiles» para evitar que conocieran ciertos aspectos de la sexualidad humana que se consideraba que podían corromperlas. Gran parte del debate generado en torno a *Formosa* se centraba en si las mujeres respetables debían o no ver sobre el escenario a personajes tan «viles» como eran las prostitutas; así lo expone el siguiente extracto sobre «Anonyma» y la educación del teatro:

Si todo el mundo habla ya sobre *Anonyma* en los salones privados, ¿por qué no presentar también a *Anonyma* en el escenario? Si fuera así, no habría ningún motivo, siempre y cuando se contara toda la verdad y se presentara a *Anonyma*, no con un aspecto atractivo, sino con su verdadera naturaleza, ya sea como se presenta a Formosa, como una mujer completamente desdichada que se ha vendido al diablo sin conseguir su premio, o como a una mujerzuela vulgar y descarada, con los modales de una sirvienta y la moral de una ladrona. [...] Si todo el mundo estuviera mentalmente en la posición de una mujer madura de mediana edad acostumbrada a la vida en sociedad de las grandes capitales [...] *Formosa* no haría ningún daño [...] [sin embargo] esto no es así.

No hay nada en el mundo tan puro como una doncella inglesa, y es una insensatez [...] que esto se estropee sin nuestro consentimiento, debido a la educación del teatro [...] sostenemos que, al producir *Formosa*, [Boucicault] ha cometido un grave error (*Littell's Living Age*, 1869: 756-757).[8]

[8] «If everybody talks of Anonyma in drawing-rooms, why should not Anonyma be presented on the stage? If it were so, there would be no reason, provided that the whole truth were told, and Anonyma presented, not in an attractive garb, but in her real character, either as Formosa is presented, as an utterly wretched woman who has sold herself to the Devil without getting the price, or as a vulgar, impudent slut, with the manners of a kitchen wench and the morals of a thief. [...] If everybody were mentally in the position of a middle-aged matron accustomed to the society of great capitals [...] Formosa would do no [...] harm [...]. But the entire supposition is a blunder. [...] There is nothing in the world quite so clean as an English maiden –and it is a folly, and worse, to break the weapon which has secured the result until we have made a better. At all events, we do not want

Este fragmento ilustra la creencia de que las mujeres podían verse fácilmente corrompidas por factores externos, entre ellos el teatro, la literatura y las historias que se contaban a través de ellos. Como hemos mencionado con anterioridad con respecto al ángel del hogar, la sociedad victoriana se caracterizaba por ser profundamente patriarcal, ostentando unos ideales de feminidad basados en la modestia, la obediencia y, en definitiva, la pasividad. Para muchos, que las mujeres se vieran expuestas a ciertas formas de entretenimiento podía provocar un descenso irreparable hacia conductas inmorales o «desviadas». Tal y como ilustra la cita arriba mencionada, ¿cómo iba una mujer modesta y de moralidad irreprochable a consumir literatura o teatro en el que la protagonista era una mujer inmoral o una *fallen woman*? Si la mente femenina era más impresionable y débil como pensaban muchos, ¿cómo se les iba a exponer a tales historias?

Si este debate ya existía en torno a los tipos de lectura que consumían las mujeres (hubo un gran revuelo por las *sensation novels* y las novelas góticas), era de esperar que se repitiera con la llegada del *sensation drama* y sus transgresoras protagonistas femeninas. El teatro era incluso más peligroso, pues gracias a sus elementos visuales y técnicas de escenografía, los sentimientos y emociones de los espectadores y espectadoras se veían más sacudidos que nunca. Por ejemplo, como hemos mencionado anteriormente, el *sensation drama* se nutría de un elemento

---

it broken, without our own consent, by the education of the Stage. [...] we hold that in producing Formosa he [Boucicault] has made a grave mistake».

espectacular e impactante, por lo que los más críticos con este género pensaban que sus escenas principales (el ahogamiento de Eily O'Connor en *The Colleen Bawn* o la escena de redención de Jenny en *Formosa*) resultaban especialmente amenazantes para las mentes débiles. Así pues, los críticos temían por la pureza de las «doncellas» inglesas y querían evitar que estas se vieran manipuladas por las pasiones y transgresiones que se mostraban en las obras o, en casos más extremos, tentadas de imitar los comportamientos de sus protagonistas femeninas (Pykett, [1994] 2011).

Otra de las cuestiones que destacan de la cita arriba mencionada es el concepto de la «educación del teatro» o *the education of the stage*. Existía una larga tradición sobre el teatro como instrumento de formación para el gran público y se había debatido mucho sobre su papel en la formación moral y cívica de los ciudadanos y ciudadanas.[9] Por ese motivo, los más conservadores consideraban una amenaza que nuevos géneros como el *melodrama* o el *sensation drama* trataran temas controvertidos (Newey, 2018). Como ya se cuestiona el articulista en la cita arriba mencionada, había temas que, si bien eran conocidos y comentados por todos o casi todos en privado (como era el caso de «Anonyma»), ¿era realmente necesario seguir hablando sobre ellos sobre el escenario, delante de todos y todas? En este sentido, que las mujeres empezaran a

---

[9] Consúltese Aronofsky Weltman (2007), Davis y Emeljanow (2001), Gould (2011) y Yeandle et al. (2016), entre otros, para más información sobre el papel educador del teatro decimonónico en Inglaterra.

asistir al teatro con asiduidad era preocupante, ya que esto fomentaba que tuvieran acceso a temas polémicos que de otro modo no habrían podido analizar públicamente. ¿Debía haber una advertencia en los programas para que las mujeres fueran precavidas a la hora de asistir al teatro? En respuesta a esta crítica, el propio Boucicault se defendió alegando que las jóvenes ya tenían acceso a historias cuestionables (por ejemplo, la ópera italiana, que se consideraba lo suficientemente refinada para ellas), y que era absurdo pretender mantenerlas en la ignorancia:

> Las jóvenes aprenden más sobre la maldad en la escuela que en el mundo real cuando se incorporan a él. Las formalidades y el refinamiento que constituyen la base de la sociedad se generan tanto por el conocimiento del mal como por el sentido del bien, y creo sinceramente que el contacto con el mundo, así como un verdadero conocimiento de este, libera a muchas mentes jóvenes de cosas peligrosas, del desarrollo de la curiosidad y la ignorancia.[10]

El discurso de Boucicault va en línea con los alegatos feministas de la década de 1860 a favor de una educación más amplia para las mujeres. Como afirmó la propia Barbara Smith Bodichon, era absurdo que las escuelas de

---

[10] «Young girls learn more evil at school than they learn from the world when they enter it. The proprieties and delicate sentiments which form the basis of society are engendered by a knowledge of wrong as much as by a sense of right, and I earnestly believe that contact with and a true knowledge of the world purges many a young mind of much perilous stuff, the growth of curiosity and ignorance in the seminary» (*The Examiner*, 28 de agosto de 1869: 12-13).

señoritas pretendieran seguir enseñando falsos dogmas sobre lo que significaba ser mujer (*The English Woman's Journal*, noviembre de 1860: 6). Ya desde la década de 1790, con textos como el de Mary Wollstonecraft, *Vindication of the Rights of Women*, se había intentado reevaluar las diferencias entre sexos y se había argumentado a favor de unas condiciones educativas mejores para las mujeres con tal de prepararlas para el mundo «real», fuera del entorno doméstico. Todos estos argumentos sirvieron para que grupos feministas como el Langham Place Group y mujeres como Harriet Taylor Mill denunciaran la situación precaria de muchas mujeres debido a su falta de preparación académica y profesional.[11]

Boucicault sí aprovecha el tirón de la «educación del teatro» o la *education of the stage* que se ha mencionado anteriormente. De hecho, una de las apologías más reimpresas en los periódicos tras el estreno de la obra fue escrita por el propio autor, quien defendió su papel como autor realista y su decisión de incluir como personaje principal a una cortesana inglesa de clase media. Dirigiéndose a aquellos y aquellas que cuestionaban su decisión, Boucicault escribió a la *Orchestra Musical Review*:

> Si mi frágil heroína hubiera sido, como Jane Shore, una prostituta poética, me habría librado de la censura; pero yo solo soy un dramaturgo realista, así que mi heroína es, de hecho, un ejemplo común que vemos a diario en el Parque [Hyde Park] y todas las noches en la Ópera [Opera House]. Su mera existencia es el delito del que soy

---

[11] Consúltese *Enfranchisement of Women* ([1851] 1868) de Harriet Taylor Mill.

culpable. La verdad es el problema. No se está infiriendo que las escenas que se representan sean falsas, pero se insiste en que tales escenas y personajes no deberían exhibirse en absoluto, que tales vicios no deberían ponerse en la picota. No se alega que yo haya hecho mi trabajo de manera poco delicada; sino que no tenía derecho a presentar semejante obra (*The Orchestra*, 20 de agosto de 1869: 346).[12]

Boucicault hace referencia a la proliferación de prostitutas en el West End londinense a mediados y finales del siglo XIX.[13] Lugares como Regent Street, Haymarket,

---

[12] «If my frail heroine had been, like Jane Shore, a poetic prostitute, I should have escaped censure; but I am only a realistic dramatist, so my heroine is in fact, a natural production we see daily in the Park, and nightly at the Opera. Her existence is the offence of which I am guilty. The truth is the trouble. It is not contended that the scenes I have represented are false; but it is urged that such scenes and personages should not be exhibited at all—such vices should not be pilloried. It is not alleged that I have done my work in an indelicate manner; but I had no right to present such a picture».

[13] Boucicault también hace referencia a Jane Shore (Elizabeth Lambert), famosa por ser la amante del rey Eduardo IV en el siglo XV. Tras la muerte del rey, Shore fue públicamente humillada, obligada a pasear por las calles de Londres semidesnuda, vistiendo una enagua sin mangas. Tras esto, Shore fue internada en prisión, pero finalmente fue liberada y se casó con un hombre de buena posición. Su vida resultó de inspiración para muchos autores; por ejemplo, Shakespeare la menciona en *Ricardo III* y Nicholas Rowe obtuvo muchísimo éxito con su obra titulada *The Tragedy of Jane Shore* (1714). En el arte, Edward Penny pintó *Jane Shore Led in Penance to Saint Paul's* (1775-1776) y William Blake creó *The Penance of Jane Shore* (1793). Para más información sobre las adaptaciones y la historia de Jane Shore, consúltese Scott (2005).

Piccadilly y Covent Garden se llenaron de mujeres que ofrecían sus servicios aprovechando la muchedumbre que se concentraba en tales zonas. Además, la gente de la época pasaría a considerar zonas de alta incidencia los grandes parques naturales de la ciudad (Hyde Park en cabeza), barriadas con teatros, óperas y *music halls*, así como las bulliciosas estaciones de tren (King's Cross, Paddington y Euston, especialmente) (Laite, 2017; Walkowitz, 1980: 22-23). La proliferación de la prostitución fue causada, entre otras razones, por el rápido crecimiento del núcleo urbano de la ciudad de Londres, aumentando así la desigualdad económica y haciendo que muchas mujeres se vieran desamparadas por falta de trabajo o de apoyo familiar. Tal fue la magnitud del problema que los decimonónicos comenzaron a llamarlo *the Great Social Evil* o «el gran mal de la sociedad» (Joyce, 2008). Sobre esto, feministas como Harriet Taylor Mill ([1851] 1868) advirtieron lo que parecía evidente: muchas de las mujeres que ejercían la prostitución lo hacían porque se encontraban en situaciones precarias, en parte debido a su falta de educación, pero también a que el camino marcado para ellas era muy limitado (esposas y madres). Este clima de perversión, así como la exuberante vida erótica que parecía subyacer tras el mundo del teatro, es lo que parecía preocupar a la mayoría de los críticos de *Formosa*.[14] Según ellos, el mundo

---

[14] Según Booth (1991: 64), desde principios del siglo XIX tanto el East End como el West End londinense estaban repletos de *fallen women* sin acompañantes. Durante la mayor parte del siglo, la prostitución y el teatro siguieron relacionándose en las mentes de los más conservadores, llegando incluso a confundir muchas veces a las actrices con las prostitutas. Como la crítica a Formosa muestra,

del teatro debía estar incluso más restringido a las mujeres de clase media respetables, y se debía controlar las historias que se contaban sobre los escenarios. Aun así, ya existían normas sociales que establecían que las mujeres respetables debían acudir al teatro con un acompañante, un hombre, familiar, o alguna mujer mayor que ellas; además, su interacción con el entorno debía verse limitado a lo correcto para su sexo, y sus paseos por las calles de Londres a altas horas debían ser breves (ida y vuelta del teatro) y no resultar una amenaza para su inocencia (por ejemplo, usando carruajes cerrados para salvaguardar su decoro y evitar el contacto con un entorno sórdido y peligroso) (Davis, 1991: 142).

En este contexto de estrictas normas de respetabilidad y decoro, es especialmente relevante tener en cuenta la intención de Boucicault al crear la obra de *Formosa*. En otro periódico afirma que ha tenido éxito en su «iniciativa […] de revolucionar el teatro inglés con la producción de *Formosa*», algo que, defiende, fue «calculado y deliberado». Además, Boucicault se vanagloria de haber «derribado una barrera que había establecido el prejuicio».[15] Así pues, sus declaraciones demuestran que *Formosa* es un

_____

seguía habiendo un estigma para las mujeres que acudían solas al teatro, y sus hábitos de consumo eran duramente analizados. Para más información sobre mujeres victorianas, teatro y prostitución, consúltese Davis (1988, 1991), Davis y Emeljanow (2001), Pullen (2005) y Powell (2007).

[15] «I have succeeded in the enterprise […] to be a revolution of the English stage by the production of Formosa. It was calculated and deliberate. […] I have broken down a barrier which prejudice had established. I have proclaimed a literary thoroughfare, with the full

texto posicionado en el lado transgresor de la época, que desafía los límites de lo moralmente adecuado en el teatro del siglo XIX. Al situar a Formosa, un personaje bastante problemático a ojos de sus coetáneos, en el centro de la historia, Boucicault irrumpe en el teatro y cuestiona los límites impuestos a las mujeres en lo relativo a su comportamiento y su mera presencia (o ausencia).

Toda la controversia en torno a *Formosa* demuestra cómo la representación de mujeres náufragas (las prostitutas, en este caso) podía provocar el debate. Sin embargo, aunque Boucicault se vanaglorie de haber sido pionero en poner el foco sobre una heroína profundamente problemática e imperfecta según el canon, otros autores ya lo habían intentado anteriormente con más o menos éxito. Como identifica Eltis (2004: 22), durante el siglo XIX las prostitutas ya eran personajes habituales en el teatro francés, donde tramas relacionadas con el adulterio y las intrigas sexuales eran de rigor —entre las más conocidas destaca *La Dame Aux Camélias*, de Alexandre Dumas (1849), que no pudo llevarse a escena en Inglaterra hasta 1879—. Obras menos reconocidas como *Cyril's Success* de H. J. Byron (New Globe Theatre, 28 de noviembre de 1868) incluyen ejemplos de corte más conservador, por ejemplo, mostrando cómo algunas mujeres casadas podían encontrarse rápidamente en un entorno de perversión debido a la mala influencia de otras mujeres más libertinas.[16]

---

approbation of the public. And I mean to keep it open» (*The Examiner*, 28 de agosto de 1869: 12-13).

[16] En *Cyril's Success*, los Cuthbert atraviesan una crisis matrimonial porque Cyril no le presta tanta atención a su esposa Kate como antes.

En otras ocasiones, las *fallen women* encuentran narrativas más amables, como en *The Mountain Robbers; or, the Blind Sister*, una obra anónima representada por primera vez en el teatro Victoria, en Londres, el 3 de marzo de 1862, sobre una mujer caída que vuelve al hogar familiar y salva a su tía de unos ladrones, redimiéndose así de su pasado.[17] Sin embargo, Boucicault sí tuvo razón en una cosa: había derribado una barrera moral y, tras Formosa, ya a finales de siglo, muchos otros autores y autoras como Henry Arthur Jones, Arthur Wing Pinero, G. B. Shaw, Oscar Wilde y Elizabeth Robins siguieron poniendo en escena historias de mujeres dedicadas a la prostitución.[18]

En definitiva, la influencia de *Formosa* como obra controvertida, provocadora y explícita, en ocasiones, es innegable. Más allá de su autoproclamado papel como pionero, Boucicault sí logró situar en el centro del escenario la historia de Jenny Boker, una joven que naufraga en una ciudad que la obliga a sobrevivir de cualquier manera posible. En la siguiente sección analizaremos cómo Boucicault se inspiró en un Londres voraginoso, el marco

---

Alentada por Miss Grannet, una mujer divorciada que alaba la vida de soltera y las libertades que trae, Kate finalmente se separa de su marido. Sin embargo, tras un año de su separación, Kate se muestra arrepentida, acusa a Miss Grannet de haberla mal influenciado y vuelve con su marido. La escena final de la obra muestra a una Kate penitente, lanzándose a los brazos de su marido en arrepentimiento y recuperando su estatus «a salvo» como mujer casada.

[17] Consúltese Puchal (2020) para más información sobre *Cyril's Success*.

[18] Eltis (2004: 222, 226-8) analiza varias de estas obras del *fin-de-siècle*.

urbano perfecto para su historia de supervivencia. Como comprobaremos, Londres y la sociedad que en ella habita es parte del problema en el naufragio femenino.

3.2. La ciudad decimonónica como espacio hostil

En el poema «Jenny», escrito de manera privada y circulado entre 1858 y 1859, D. G. Rossetti hace referencia a la ciudad de Londres como espacio de mercadeo:

> Jenny, ahora ya conoces la ciudad.
> Aquí hasta un niño podría contar cómo
> algunas cosas que aún no figuran
> en las listas del mercado se compran y se venden
> incluso hasta el amanecer del domingo.
> Cuando el sábado por la noche es noche de mercado
> en todas partes, llueva o haga sol,
> y es noche de mercado en Haymarket.[19]

En este fragmento, Rossetti hace referencia a la «compraventa» del cuerpo femenino, es decir, a la prostitución.

---

[19] «Jenny, you know the city now. / A child can tell the tale here, how / Some things which are not yet enroll'd / In market-lists are bought and sold / Even till the early Sunday light. / When Saturday night is market-night / Everywhere, be it dry or wet, / And market-night in the Haymarket» (Rossetti, 1913). Rossetti había mostrado interés en el tema de la prostitución en otros dibujos como *The Gate of Memory* (1854) y *Found* (1854-55; 1859-81), que iba acompañado de un poema homónimo publicado en su *Ballads and Sonnets* (1881). Miles (2013: 105-120) realiza un interesante análisis comparativo de los poemas de Rossetti y de Webster.

La ciudad que ilustra el poema «Jenny» es un terreno
hostil para las mujeres como ella, que deben moverse en la
oscuridad de la noche (el sábado noche) para poder sobrevivir, independientemente de cualquier factor externo. En
este contexto, como el poema de Rossetti ilustra, Londres
se convirtió en un entorno en constante movimiento, un
espacio simbólico en el que convivían la rígida moralidad
victoriana y las nuevas tendencias. Entre estas corrientes,
como hemos mencionado con anterioridad, era de esperar
que cuestiones como la movilidad de las mujeres y sus
incursiones fuera de lo doméstico fueran comentadas.
Dentro de la imaginación colectiva, la metrópolis no era
únicamente un lugar en el que se realizaban negocios, sino
también un espacio donde se perpetuaba la vigilancia y
categorización moral de las mujeres y los hombres.

Nead (2000: 65-67, esp. 66) hace hincapié en la relación entre la «velocidad de movimiento» de las mujeres
mientras navegan por la ciudad y su moralidad. Tal como
indica, «cualquier indicio de que las mujeres disfrutan de
la ciudad, participan en su cultura visual y en su libertad
ocular, puede interpretarse como un indicio de su falta de
modestia».[20] Una vez más, se imponen normas de decoro
para las mujeres en su tránsito por el espacio público, que
lejos de darles la bienvenida, continúa recordándoles su
desprotección. De esta manera, los cuerpos femeninos siguen en constante peligro de desbordamiento o naufragio
en la ciudad, tanto de manera simbólica (por la falta de

---

[20] «any sign that women are enjoying the city, participating in its
visual culture and *ocular freedom*, can be taken as an index of their
lack of modesty».

apoyo o de un entorno seguro) como moral. Existe una línea muy fina entre la precariedad de una mujer respetable que se encuentra a la deriva en la ciudad y la mirada desafiante de las prostitutas: ambas parecen plantar cara a los cánones. En ese sentido, ¿son las mujeres inglesas decimonónicas náufragas en la ciudad? En *Formosa* hay una escena que recuerda particularmente al pasaje de Pardo Bazán mencionado en la introducción de este volumen, en el que una madre y sus hijas deambulan por la ciudad de Madrid tras su llegada desde las provincias. En *Formosa*, la madre de Jenny, Mrs. Boker, aparece desesperada en Londres, buscando a su hija. Sentada en Piccadilly, Mrs. Boker se siente desamparada y es constantemente escrutada por los transeúntes y las autoridades. Así pues, como las protagonistas del relato de Pardo Bazán, «perdidas en el mar [...] navegando por las calles, sin techo, sin pan» (Pardo Bazán, 1909), Mrs. Boker debe hacer frente a las indagaciones de un policía:

MRS. BOKER *sollozando, sentada sobre su bolso de viaje.*
POLICÍA: ¡Vamos, muévase!
MRS. B.: ¡Que me mueva! ¿No puede dejar que una persona se siente en su propio equipaje y descanse al borde de la calzada?
POLICÍA: Hace una hora, la vi sentada, sollozando y llorando como si fuese una fuente, y le dije que se marchara; y así lo hizo, pero solo un poco más lejos, y aquí está usted otra vez, sollozando y llorando.
MRS. B.: Estoy esperando a mi marido.
POLICÍA: ¿Esperando a su marido? Puede esperar a su marido en la comisaría y no quedarse sollozando y llorando por la calle.

MRS. B.:   Soy una forastera en Londres, nunca había
estado aquí antes, y hemos venido a buscar a
nuestra hija, que trabaja en esta ciudad [...]
soy una mujer casada respetable, tenemos
un negocio cerca de Oxford, el «Old Swan.
Barcos en alquiler».[21]

Y es que el espacio público del siglo XIX resulta amenazante para las mujeres solas en vista de las Contagious
Diseases Acts (Leyes sobre Enfermedades Contagiosas)
de 1864, 1866 y 1869, que parecían cuestionar cómo los
cuerpos femeninos habitaban las ciudades. Las Contagious
Diseases Acts (CDA) buscaban proteger la salud de los ma-
rineros y soldados que frecuentaban ciudades cuartel. Esto
se intentó mediante evaluaciones médicas obligatorias a las
mujeres que estaban identificadas y ejercían la prostitución
en zonas conocidas. En caso de que se identificara a una
mujer como enferma o «contagiada», se la confinaba en
un hospital de aislamiento hasta su recuperación. Estas

[21] «(*MRS BOKER sobbing, seated on carpet bag*) / POLICEMAN:
Come, move on!/ MRS. B.: Move on! Can't you let a body sit down
on her own portmantle and rest by the roadside? / POLICE: An hour
ago, I saw you a sitting down, a crying and sobbing and weeping like
a watering cart, and I told you to move on; and so you did, but only a
little further on, and here you are a weeping and sobbing and crying
again. /MRS. B.: I'm a waiting for my 'usband. / POLICE: A waiting
for your 'usband? You can wait for your 'usband at the station-house
and not be a crying and a weeping about the streets. / MRS. B.: I
am a stranger in London, and never was here before, and we have
come to find our daughter, who is in service in this town [...] I am a
respectable married woman, and we keep a public near Oxford, the
"Old Swan. Boats to let"» (23-24).

mujeres podían ser encarceladas si se negaban a someterse al examen médico, llegando incluso a pasar desde uno hasta nueve meses encerradas o realizando trabajos forzados (Sutphin, 2000). Esta medida se tomó debido a la alta incidencia de enfermedades venéreas, por lo que se insistió en que las CDA serían beneficiosas tanto para las mujeres como para los soldados que las frecuentaban. Estas leyes son un claro ejemplo de las desigualdades entre mujeres y hombres a mediados del siglo XIX.[22] Principalmente se demuestra que los hombres podían disponer de su cuerpo y habitar los espacios públicos a su antojo, mientras que las mujeres podían verse acorraladas y aisladas bajo la acusación de ser propagadoras de enfermedades (o simplemente, bajo la acusación de ejercer la prostitución). De esta manera, se deshumanizaba a la prostituta y se la convertía en un símbolo de desorden moral. En la escena de *Formosa* donde encontramos a Mrs. Boker sollozando en las calles de Londres se hace evidente la violencia e incomodidad que provocaba ver a una mujer parada en la calle sin rumbo fijo. En ese momento, Mrs. Boker no es una transeúnte, ya que permanece inmóvil, llorando. Para defenderse y evitar ser llevada a la comisaría, debe recordarle al agente de policía que es una mujer respetable, que está casada y tiene un trabajo honrado.

En *Formosa* vemos más instancias en las que el espacio público se convierte en un mar enfurecido para las mujeres, y Boucicault retrata de manera inteligente cómo Jenny es capaz de navegar entre sus olas. Mientras su

---

[22] Consúltese Low (1996) y Walkowitz (1992) para más información sobre los CDA.

madre lucha por mantenerse a flote en una ciudad que se mueve demasiado rápido para ella, Jenny se desenvuelve con notoriedad bajo el personaje de Formosa, a bordo de un carruaje espléndido, cubierta en joyas y oro, perseguida por admiradores masculinos bien posicionados (Boucicault, 1869: 24, 26). Sabemos que acude a la ópera, pasea por el parque y participa en la vida pública de la ciudad gracias a su doble vida. Sin embargo, esta vida en Londres pasa factura a Jenny, quien, según dicen los que la conocen, ya no es «la chica alegre» que era antes (Boucicault, 1869: 8).[23] De alguna manera, parece que la vida en la ciudad y los excesos la han consumido.

A pesar de todo, la ciudad decimonónica, aunque voraginosa y en ocasiones arriesgada para las mujeres, también favorece que exista una reinvención, una oportunidad de transgredir lo impuesto y sobrevivir al naufragio (Walkowitz, 1992: 80). Esto es evidente en el personaje de Jenny/Formosa. En la obra apreciamos una contradicción: Jenny ha aprendido a sobrevivir en la ciudad tras su personaje de Formosa, pero, aunque su porte y comportamiento en la ciudad lo aparenten, sigue sin estar a salvo. Como ella misma explica mientras visita a sus padres en Oxford al principio de la obra,

> JENNY: *(con tristeza)* […] Mi madre y mi padre no saben qué soy. ¡Nunca deben saber cómo vivo! Este [Oxford] es el único lugar donde puedo

---

[23] «TOM: […] The fact is, Jenny —everybody remarks it— you are no longer the merry girl you were before you went up to London».

>   encontrar algo de paz y consuelo, lejos del
>   mundo donde se me envidia y se me calumnia.
> JOR.:   Entonces, aquí buscas el lujo de la respetabili-
>   dad, lejos de la voraginosa y perversa Londres,
>   donde la virtud no obtiene recompensa.[24]

Jenny no está a salvo en Londres. Es consciente de las intrigas que subyacen en la ciudad, donde constantemente se le analiza, se le «envidia» y se le «calumnia». Al fin y al cabo, su rol como cortesana la sitúa en el punto de mira. Como hemos mencionado anteriormente, las mujeres estaban bajo constante escrutinio en la ciudad. Su comportamiento, su vestimenta, su forma de hablar, todo servía para etiquetarlas. Las figuras estereotipadas de la *fast girl* o la *girl of the period* que se popularizaron en la década de 1860 evidencian esta categorización de las mujeres. La *girl of the period* fue representada como una mujer frívola, obsesionada con la moda más transgresora y arriesgada, así como escandalosa en su comportamiento.[25] Principalmente fue la autora Eliza Lynn Linton la que lanzó una dura crítica a las nuevas tendencias en el comportamiento de las jóvenes inglesas. Su artículo «The Girl of the Period», publicado anónimamente en 1868 en el *Saturday Review*, describía a las jóvenes modernas como

---

[24] «JEN.: […] (pathetically) That is my home. My mother and father are ignorant of what I am. They never must know how I live! Here is the only place where I can find a little peace and comfort out of the world where I am envied and accursed. / JOR.: Here then you seek the luxury of respectability, far from the whirl of wicked London, where virtue does not pay» (Boucicault, 1869: 13-14).

[25] Consúltese también Puchal (2021b).

superficiales, vanidosas y faltas de modestia. Linton veía a las mujeres como un síntoma de la corrupción del orden moral y social del momento, como una transgresión de las normas de clase y de género (Boufis, [1994] 2010). En su artículo, Linton describe a la *girl of the period* así:

> Una criatura que se tiñe el pelo y se pinta la cara […] cuya única idea de la vida es la diversión y el lujo; y cuya vestimenta es el objeto de todo el pensamiento e intelecto que posee. Su principal esfuerzo en esto es superar a sus vecinas en la extravagancia al vestir (Linton [1868] 1996).[26]

En *Formosa*, el personaje de Jenny refleja esta tendencia a escudriñar la vestimenta de las mujeres y cómo el atuendo podía ser un signo de su naturaleza. Jenny no puede ocultar a qué se dedica en la ciudad porque uno de los personajes masculinos reconoce en su pelo los efectos del tinte que Jenny ha usado para aclararlo hacia tonos más rubios.[27] Su ropa también indica su cambio de estatus en función del espacio que habita: tanto en el primer acto como en el último, cuando está en casa de sus padres, aparece con peinados y vestidos muy sencillos, sin florituras. Sin embargo, en el segundo y tercer acto,

---

[26] «a creature who dyes her hair and paints her face, as the first articles of her personal religion; whose sole idea of life is plenty of fun and luxury; and whose dress is the object of such thought and intellect as she possesses. Her main endeavour in this is to outvie her neighbours in the extravagance of fashion».

[27] «[…] your hair has not yet recovered from its late attack of *Auricoma*!» (Boucicault, 1869: 12). El término *auricoma* proviene del latín (*auri*, oro, y *coma*, cabellera).

en Londres, lleva vestidos satinados de colores brillantes como el amarillo o el verde, escotados y adornados con suntuosas colas. Su cabello en la ciudad es rubio, peinado en un moño y con trenzas sueltas por detrás, y adornado con abundantes perlas (Boucicault, 1869: 6). Como hemos mencionado anteriormente, todos estos elementos se podían leer como signos sociales que categorizaban a las mujeres. Una mujer con el cabello teñido de rubio, que llevaba escotes llamativos y telas brillantes inmediatamente era clasificada como una *girl of the period* o una *demimonde*. Así pues, actos tan sencillos como vestirse o peinarse no eran simples elecciones estéticas o de moda, sino que también podían influir en cómo una mujer era vista, tratada y percibida socialmente.

Para Linton, igual que para muchos otros lectores y lectoras conservadores de la época, el comportamiento de las mujeres modernas se asemejaba demasiado al de aquellas «sirenas» o libertinas que los ciudadanos veían a diario en el parque o paseando por la ópera. Ambos tipos de mujeres se consideraban amenazas sociales, mujeres que socavaban la imagen impuesta al sexo femenino puesto que, en el contexto de la *true woman* o «mujer verdadera», no podían constituir los pilares de su comunidad, ni los símbolos de la moralidad y de la rectitud inglesa.[28] En este sentido, todas ellas son náufragas, ya que quedan fuera

---

[28] En la *Victoria Magazine*, editada por la propia Emily Faithfull, feminista reconocida de la época, se habla sobre la educación de las mujeres como herramienta de autorreflexión para toda la nación y como remedio para los males que afligían a la población moderna (Boufis, [1994] 2010: 102-103).

de la respetabilidad sin estar completamente hundidas. Linton desdibuja la línea entre las prostitutas o cortesanas y las mujeres modernas, advirtiendo sobre los peligros de seguir el ejemplo de mujeres «desenfrenadas»:

> Esta imitación de la *demi-monde* en el vestir conduce a una forma de comportarse y sentir que, aunque quizá no sea tan pronunciada, se parece demasiado como para ser honorable para ella misma, o satisfactoria para sus amigos. La lleva al uso de jerga, a hablar con descaro y a una conducta desenfrenada en general; al amor por el placer y la indiferencia hacia el deber; a desear dinero por encima del amor o la felicidad; a la inutilidad en el hogar, a la insatisfacción con la monotonía de la vida cotidiana, al rechazo de todo trabajo útil; en una palabra, a las peores formas de lujo y egoísmo, a los efectos más letales que se derivan de la falta de principios nobles y la ausencia de sentimientos bondadosos.[29]

En definitiva, la ciudad decimonónica se transforma en un espacio en el que las mujeres que transgreden el ideal de «mujer verdadera» o *true woman* quedan a la deriva. Londres les ofrece la oportunidad tanto de hacerse visibles como de dejarse arrastrar por la corriente. Como hemos

---

[29] «This imitation of the demi-monde in dress leads to something in manner and feeling, not quite so pronounced perhaps, but far too like to be honourable to herself or satisfactory to her friends. It leads to slang, bold talk and general fastness; to the love of pleasure and indifference to duty; to the desire of money before either love or happiness; to uselessness at home, dissatisfaction with the monotony of ordinary life, horror of all useful work; in a word, to the worst forms of luxury and selfishness—to the most fatal effects arising from want of high principle and absence of tender feeling».

visto, las mujeres modernas pueden entenderse como náufragas sociales, mujeres que flotan entre espacios y categorías, que nunca llegan a estar bien consideradas por una sociedad que parece cuestionar todas sus decisiones. Como Mrs. Boker, sentada en la acera «sollozando y llorando», muchas mujeres deben ir de puntillas bordeando los límites, justificándose continuamente. Como Jenny en su papel de Formosa, otras mujeres aprenden a sobrevivir en la vorágine y consiguen salir a flote, aunque sea usando medios cuestionables. Se apropian de la mirada masculina, de su uso de un lenguaje transgresor, de la vestimenta; todo ello con tal de adaptarse a un entorno urbano hostil. En la siguiente subsección cuestionaremos la agencia (o ausencia de esta) y supervivencia femenina en *Formosa*, tal y como nos muestran los personajes de Jenny y Nelly.

3.3. *Formosa*: ¿naufragio o supervivencia?

En la primera sección de este capítulo hemos analizado la respuesta de Boucicault a sus críticos en la prensa. Al describir a su heroína, Boucicault utilizaba estas palabras: «mi frágil heroína» (*The Orchestra*, 20 de agosto de 1869: 346).[30] Es curioso que utilice el adjetivo *frail* o frágil para referirse a Formosa; en la obra, nunca nos lo parece. Aunque Formosa siempre muestra un conflicto interno entre continuar con su vida de vicio y perversión o volver al campo con sus padres, siempre parece decidida a avanzar y se mantiene segura ante los hombres que la intentan

---

[30] «my frail heroine».

amedrentar y amenazar. Quizá solo una cosa sobre ella es frágil: su doble identidad. Únicamente parece empeque-ñecerla la opinión que sus padres tienen sobre ella. Jenny haría cualquier cosa por mantener su doble vida y evitar que Boker y Mrs. Boker descubran que es Formosa y no una respetable *lady's maid* o criada de una gran señora en Londres. Con todo, Jenny parece resignada a su posición y, como nos dice, sabe que está «degradada» (Boucicault, 1869: 27). Boucicault parece enseñarnos en Jenny una contradicción: por un lado, cuando está en Londres se comporta como una gran señora, con grandes ropajes y una actitud digna; por otro, sus deseos de huida se atisban cada vez que se propone dejar la vida que lleva y volver a Oxford, al campo, o a cualquier otra parte. Sabe que su posición no la hace «digna» de estar con el hombre que ama, Tom Burroughs, principalmente porque él es de clase alta y ella está abocada a la desgracia por su profesión o a la pobreza si vuelve al hogar paterno. En una sociedad en la que la mujer debía resignarse a permanecer en su escalafón social y a comportarse de manera virtuosa, la supervivencia de Jenny en la ciudad se basa en sus devaneos con lo inmoral. En su crítica social —al fin y al cabo, él mismo se define como un escritor realista—, Boucicault nos muestra cómo la sociedad londinense ofrece una re-compensa económica mayor a los que prefieren el vicio a la virtud (Eltis, 2013: 76).

En la obra, Jenny se abre paso entre la muchedumbre en su carruaje, cubierta de joyas y oro, «como una reina», afirma su madre (Boucicault, 1869: 24).[31] Como Formosa,

---

[31] «like a queen».

la protagonista es una superviviente, no una náufraga. Sus movimientos, su porte, su manera de hablar y su vestimenta son diferentes a cuando se pasea como Jenny. Hay un cambio en su actitud cuando se mueve por un espacio que, si bien no es de lo más respetable, sí es suyo: su casa en Londres. En su elegante pero moralmente comprometida casa en Fulham, Formosa anda con grandilocuencia entre su mayordomo, su criada y los señores que acuden cada noche o la persiguen «como perros» (Boucicault, 1869: 26). En las escenas que se desarrollan en su casa, la vemos relajada en su *boudoir*, acompañada de hombres y mujeres de reputación dudosa, reclinada en sofás suntuosos con indolencia. En Londres, ella es la señora de la casa: «Yo soy la señora aquí» (Boucicault, 1869: 36).[32]

Estos detalles nos hacen pensar que, como en las historias de naufragios, la supervivencia de las protagonistas es posible: ¿y si la prostituta, además de náufraga fuera superviviente? En su papel de *demimonde* o de cortesana, Jenny visibiliza un extremo opuesto al ideal de la *true woman* o «mujer verdadera» del siglo XIX; su independencia económica y su visibilidad pública hacen de ella un ejemplo de mujer peligroso para los más tradicionales. Como hemos visto anteriormente en este capítulo, su comportamiento transgresor podía convertirse en un ejemplo perjudicial para muchas mujeres que se veían abocadas al naufragio y debían sobrevivir con las herramientas de que disponían. El naufragio no consiste en dedicarse a la prostitución, sino lo que las conduce a ello. Aunque muchas mujeres ejercían la prostitución a tiempo completo, muchas otras

---

[32] «I am mistress here».

lo hacían de manera ocasional y temporal. Y es que, a diferencia de las prostitutas del continente europeo, que solían trabajar en burdeles, en Inglaterra era habitual que las mujeres trabajasen únicamente para sí mismas. Está reconocido que muchas de las mujeres en situaciones más vulnerables (con empleos estacionales o muy mal remunerados) eran especialmente propensas a prostituirse ocasionalmente. Las organizaciones que surgieron para «salvar» a las prostitutas (las *Magdalene houses* o asilos de las Magdalenas, por ejemplo) solían incluir en sus listados a mujeres cuyo principal oficio era ser costurera, sombreras, dependientas e incluso empleadas domésticas (Steinbach, 2005: 134). Además, había organizaciones religiosas que convocaban reuniones por la tarde para tomar el té en las que se invitaba a varias «mujeres caídas» o *fallen women* para ofrecerles ayuda y acogerlas en hogares como el London Reformatory o el Trinity Home en Londres en caso de mostrar arrepentimiento (*Morning Advertiser*, 10 de febrero de 1860). No obstante, la doble moral victoriana seguía culpabilizando a las mujeres por su «caída» en desgracia (o naufragio), sin responsabilizar ni cuestionar el papel decisivo que los hombres tenían en esta «compraventa», utilizando el término empleado por Rossetti en su poema «Jenny».

En *Formosa*, Boucicault presenta dos ejemplos de mujeres desplazadas a la ciudad que naufragan mientras van en busca de sustento económico: por un lado, Jenny, la controvertida protagonista; por otro, Nelly, la joven representante del ideal de la *true woman*. Nelly es el segundo personaje femenino, también objeto de interés amoroso de Tom Burroughs, el protagonista masculino. Al principio de la obra, Nelly vive en Oxford bajo la tutela del doctor Doremus, ya que se la supone huérfana. Aunque goza de una posición social respetable (si bien no la más alta), Nelly no tiene muchas esperanzas de ser correspondida por Tom, quien sí pertenece a una familia acomodada. Sin embargo, siguiendo las convenciones del *sensation drama* de la época, al final del primer acto reaparece su padre —descrito como «un vagabundo» en la lista de personajes— para reclamar la patria potestad de la joven. Con el objetivo de poder lucrarse con el trabajo de su hija, se la lleva a Londres y la obliga a trabajar como bailarina en los *music halls* (Boucicault, 1869: 29). Nelly logra alejarse del mundo del espectáculo, consigue trabajo «respetable» como ayudante de un zapatero en la calle Oxford, y vive con su padre en un apartamento en el barrio de Lambeth. Durante toda esta odisea, Tom Burroughs, quien sí la ama pese a su estatus social, sigue protegiéndola desde la distancia, incluso encargándose de ir personalmente a escoltarla a la salida del trabajo y de acompañarla hasta su casa:

> KERR.:   […] [Tom] todos los días va a Oxford Street para seguir a una trabajadora hasta su casa. Nunca le habla, sino que se mantiene a distancia, mostrando un amor *respetuoso* por ella; y luego, después de haberla colocado, viene a Fulham para ofrecerte generosamente las sobras de Nelly Saunders (Boucicault, 1869: 27).[33]

[33] «KERR.: He goes every day to Oxford Street to follow home a work-girl. He never speaks to her, but keeps at a distance, with respectful love for her; and then, having housed her, he comes to Fulham to lavish on you the leavings of Nelly Saunders».

A diferencia de Jenny, que parece no poder escapar de su destino como prostituta o cortesana en la ciudad y sufre una sexualización continua, Nelly sí consigue distanciarse del entorno degradante y problemático para las mujeres en la ciudad, al acceder por fin a un trabajo «respetable» en la zapatería. Esta diferencia de trayectorias radica principalmente en el papel del respaldo masculino. Por un lado, Jenny se ve sola y náufraga en la ciudad sin el apoyo de sus padres, por lo que se transforma en Formosa y utiliza la comercialización de su cuerpo para sobrevivir en Londres, ganar dinero y ayudar a sus padres económicamente. Sin embargo, Nelly cuenta con el apoyo y supervisión constante de Tom Burroughs, quien actúa como «protector», supervisando su virtud (acompañándola por las calles para salvaguardarla de ataques indeseados) e incluso ofreciéndole dinero a su padre para evitar alargar su explotación (y exposición) en el mundo del espectáculo. Al contrario que las *fallen women*, que solían sufrir un final bastante cruel en la literatura, las *true women* eran recompensadas por su pureza y virtud inquebrantables con oportunidades de redención (Eltis, 2004).

Como ya hemos adelantado, la trayectoria de Jenny en la ciudad representa un naufragio, aunque, como buena náufraga, demuestra que es capaz de sobrevivir por sus propios medios; cuestionables, quizá, pero efectivos. En un entorno patriarcal y una ciudad incómoda, Jenny consigue posicionarse como objeto de deseo; ella misma es consciente de su dualidad y del poder que tiene sobre los hombres (sobre Tom, concretamente) al transformarse en Formosa: «despreciaste el amor de la modesta pueblerina, pero cuando viste a la célebre Formosa en el parque, rodeada de tus superiores disputándose una de sus sonrisas, la buscaste con entusiasmo» (Boucicault, 1869: 26).[34] Su «valor» como mujer cambia cuando muestra un tipo de feminidad más arriesgado en la ciudad. Bajo el personaje de Formosa, los hombres la desean al identificarla como a una de las más célebres *tawny syrens* o «sirenas leonadas» de Hyde Park (Boucicault, 1869: 12). En la ciudad, comercializan con su cuerpo a través de las *carte-de-visite* o tarjetas de visita que reproducen su imagen una y otra vez. Como se señala en la obra, estas fotos suyas adornan los escaparates de las tiendas del West End. Estas tarjetas de visita fotográficas, que fueron ideadas a mediados de siglo XIX por un fotógrafo francés llamado Disdéri, pronto se popularizaron debido a su bajo coste y pequeño formato (Nuñez-Herrador et al., 2007). Entre otros propósitos, las tarjetas de visita fotográficas fueron utilizadas como método publicitario de actores, actrices y, como podemos suponer, también de prostitutas (McWilliam, 2020). Según Senelick, la tradición de la *carte-de-visite* en Londres quedó estrechamente ligada a la idea del consumo del cuerpo femenino: por un lado, destaca la acción de «compra» o «posesión» de la tarjeta de visita (eran objetos de consumo y de colección para muchos). Por otro, llaman la atención las dos clases de mujeres más fotografiadas y «vendidas» en tarjetas de visita: las actrices y las prostitutas (Senelick, 1991: 7).[35] En ambos casos, observamos un

---

[34] «JEN.: [...] You scorned the modest country girl's love, but when you saw the notorious Formosa in the park, surrounded by your betters contending for a smile, you sought her eagerly».

[35] Consúltese también Norwood (2017) para más información sobre dos ejemplos clave en el uso de la iconografía y la fotografía en el caso de las *managers* teatrales del siglo XIX como figuras públicas.

tipo de representación o *performance* que se lleva a cabo específicamente para los demás. En las tarjetas de visita fotográficas observamos a mujeres posando en conductas poco habituales de la época, ya que miran directamente a la cámara y muestran partes de su cuerpo tradicionalmente ocultas por modestia. En el caso de Formosa, esta comercialización del cuerpo es la que la expone a ser considerada un objeto intercambiable por los hombres de la obra, quienes se aprovechan de su vergüenza para manipularla e involucrarla en sus tramas en contra del protagonista masculino.[36]

Como hemos mencionado anteriormente, hay algo en ella que la marca como náufraga; Tom Burroughs, en una de las primeras escenas de la obra, se cuestiona su amor por Jenny y por Nelly y las diferencia así:

> TOM: Amo a Nelly porque es un ángel, pero quiero
>   a Jenny como al mismísimo diablo.[37]

Una vez más, se perpetúa la dicotomía entre ángel/demonio en las mujeres y se hacen distinciones entre los caracteres de los personajes femeninos. Como buen diablo,

---

[36] Los rivales de Tom Burroughs le engañan para dejarlo indispuesto antes de la carrera de regatas universitaria y así ganar dinero. Amenazan a Jenny con revelarle a sus padres su profesión en la ciudad si no les ayuda a conseguir el engaño, ya que es amiga de Tom. Finalmente, Jenny participa en esta trama contra Tom, alimentada también por su despecho hacia él después de que este la rechace por Nelly. Finalmente, tras ser descubierta, Jenny se arrepiente y tiene un papel decisivo en la salvación de Tom.

[37] «TOM: [...] I love Nelly because she is an angel—but I love Jenny like the devil» (Boucicault, 1869: 10).

Jenny se nos muestra como un ser cambiante y traicionero. De igual manera, Boucicault nos da pistas sobre la multiplicidad del personaje de Jenny al advertirnos sobre su uso de varios nombres e identidades en Londres: lady Arthur Pierpoint, Mrs. Lascelles y, por supuesto, Formosa, la más bella («Formosa, the Most Beautiful»). Como indica el *Saturday Review*, ¿debemos suponer que Jenny se hace pasar por la esposa de un noble al utilizar el nombre de «lady Arthur Pierpoint»? (9 de abril de 1870). Tanto ese título como el de «Mrs. Lascelles» la asocian a un rol doméstico («esposa de», o quizá como Mrs. Lascelles, «viuda de»), lo que, a ojos de algunos, podía implicar algo de respetabilidad o de libertad para moverse por la ciudad impunemente.[38] Sin embargo, el exótico nombre portugués, *Formosa* o «hermosa», confirma una performatividad de su identidad, la cosifica y la reduce a sus atributos físicos. En definitiva, Jenny es presentada no tanto como mujer real o *true woman*, sino como una mujer cambiante, una actriz que, al fin y al cabo, sobrevive al naufragio gracias a su adaptabilidad y a que configura su identidad en función de sus necesidades. Como en las *carte-de-visites*, Formosa se convierte en un objeto coleccionable y susceptible de posesión; en contraste, Nelly mantiene su respetabilidad a pesar de todo, consiguiendo mantenerse alejada del mundo del espectáculo que la obliga a exhibirse y volviendo al trabajo y comportamiento honesto para una mujer de su alcurnia.

---

[38] Consúltense los capítulos 1 y 2 de este volumen para más información sobre la movilidad de las mujeres casadas y las viudas. También Puchal (2020).

En el siguiente subapartado del capítulo analizaremos las posibilidades de reintegración de las mujeres náufragas en la sociedad respetable. Siguiendo nuestro análisis de los dos caminos femeninos representados en *Formosa* (el de Nelly, por un lado, y el de Jenny, por otro), exploraremos cómo la sociedad seguía sin poder encajar la posibilidad de redención de las *fallen women* o las prostitutas.

3.4. *Formosa*: la reintegración imposible

La reintegración de Formosa en la sociedad respetable es prácticamente imposible. La crítica identifica como «innecesario» el intento del autor de ofrecerle a Jenny un final tradicional:

> La obra en sí, aparte de una insinuación en el cuarto acto sobre el futuro estatus de Formosa, que es totalmente innecesaria y parece haber sido insertada por el autor por una compasión repentina y fuera de lugar hacia su propia heroína, no es inmoral ni en su intención ni en su método […] La alusión casi cínica a su matrimonio con Spooner es un error imperdonable tanto desde el punto de vista artístico como moral; sin embargo, la intención de retratar la miseria, de mostrar que, de una forma u otra, la paga del pecado es la muerte, queda suficientemente clara en la obra (extracto original de *The Spectator* reproducido en *Littell's Living Age*, 1869: 756).

La «insinuación en el cuarto acto sobre el futuro estatus de Formosa» al que se refiere el artículo es su pedida de mano. Como se puede observar, la prensa califica de «innecesario», «cínico» o un «error imperdonable» el hecho de que Boucicault quisiera mostrarse amable (o «compasivo») con el futuro de la desdichada Formosa tras su redención. Sin muchas palabras, casi de pasada, Boucicault introduce un pequeño intercambio entre Jenny y Spooner, el hombre que ha estado interesado en ella desde sus días como Formosa, cuando ella ya está de vuelta en casa de sus padres al final de la obra y se ha mostrado arrepentida:

JEN.:   ¡Oh! Ojalá mi insignificante vida pudiera compensarte por tu devoción.
SPOON.: ¡No digas eso a menos que lo sientas de verdad, Jenny! *(muy emocionado)*
JEN.:   Así lo siento de verdad *(se acerca a él, quien le rodea la cintura con su brazo)*[39]

De esta manera, el público entiende que Jenny está ofreciéndose a casarse con él, dándole «su vida» en compensación por todas las atenciones y la ayuda que le ha prestado, incluso después de su desgracia. Spooner es un hombre acaudalado, que ya muestra su interés en ella cuando la visita en su casa de Fulham, en Londres. Jenny se muestra confundida al saber que él sí se casaría con ella pese a conocer su ocupación en la ciudad:

JEN.:   ¿Qué? ¿Se casaría usted conmigo, degradada como estoy?

---

[39] «JEN.: Oh! That my worthless life could repay you for your devotion. / SPOONER: Don't say that unless you mean it, Jenny! *(extremely excited)* / JEN.: I do mean it. *(goes up, his arm round her waist)*» (Boucicault, 1869: 40).

> SPOON.: ¡No! No está usted degradada. Para mí, usted siempre será la mejor y más hermosa de las mujeres.[40]

Este final es anómalo para las prostitutas en la literatura o el arte, como ya nos avanza la crítica en la cita anteriormente mencionada. El desconcierto de Jenny ante la posibilidad de una reinserción en la sociedad respetable no es descabellado, ya que la tradición dicta un final fatal para las prostitutas. En el capítulo sobre *The Colleen Bawn* hemos avanzado cómo la ruina de las mujeres caídas o *fallen women* solía trasladarse al arte mediante ahogamientos, suicidios e imágenes parecidas. Además, en el poema de Augusta Webster mencionado en la introducción de este capítulo, la protagonista náufraga de «A Castaway» se pregunta si podría encajar en su antiguo «yo», evidenciando la imposibilidad del retorno al hogar respetable, a una vida de pasividad.[41] Y es que, si bien la sociedad parecía tener interés en «rescatar» a mujeres desgraciadas (náufragas, al fin y al cabo), el resultado no era siempre tan benévolo como en Formosa. Igual que haría Wilkie Collins unos años después en su novela *The New Magdalen* (1873), Boucicault experimentó con la tipología y la narrativa tradicionales de las prostitutas en la literatura, demostrando que es imposible determinar una identidad fija para ellas

---

[40] «JENNY: What! Would you marry me, degraded as I am? / SPOON. No! not degraded. To me, you are always the best and most beautiful of women!» (Boucicault, 1869: 27).

[41] «And could I fit me to my former self?» (Webster, 1870: 44).

(Attwood, [2011] 2016).[42] Al darle un final más amable a Jenny, Boucicault desafía las convenciones moralistas que creían firmemente en el *once fallen, always fallen*.

La escena clave para entender *Formosa* es quizá la de arrepentimiento de Jenny ante sus padres, tras descubrirla en su casa de Londres. Boucicault no nos muestra a la Formosa orgullosa y majestuosa que se pasea por Hyde Park a bordo de su carruaje; por el contrario, presenta a una hija penitente por sus acciones, muy consciente de su caída moral y de las consecuencias de sus actos. En una escena convencional del *sensation drama*, Jenny se postra ante sus padres, rogando que no la dejen sola ante el futuro:

JEN.:   ¡Mi madre! [...] *junto al sofá, se deja caer sobre él y se tapa la cara con las manos.*

MRS. B.: Sí, niña infeliz, tu madre. Teníamos intención de marcharnos en cuanto te vimos, hija nuestra, pero algo nos hizo volver. Sabemos lo que eres, pero no nos corresponde a nosotros empeorar las cosas.
[...] durante mucho tiempo nos hemos aprovechado de tu sustento. Estábamos al borde de la indigencia cuando viniste por primera vez y nos ofreciste un techo. Aquí tienes la llave de tu casa; todo lo que hay en ella es tuyo. [...] aquí está todo el dinero que tenemos. Tómalo. Es tuyo. [...] aquí está el reloj que me regalaste

---

[42] En *The New Magdalen* (1873), de Wilkie Collins, la protagonista también encuentra un final más optimista, al casarse con un clérigo y viajar fuera de Inglaterra. Consúltese Attwood ([2011] 2016) para un análisis completo de esta novela.

en mi último cumpleaños. No puedo volver a ponérmelo.

BOK.:   Aquí están las gafas que me regalaste. Aquí la caja de plata que me enviaste. [A Mrs. Boker] ¡Vámonos, querida!

JEN.:   (*con voz llorosa*) ¡Oh! ¡Padre! ¡No se vaya, no me deje así!

MRS. B.:   […] no podemos prosperar alimentados de veneno. Queremos ganarnos el pan con trabajo honesto.

JEN.:   ¡Oh! ¡Quédese, querido padre! No me deje sola en esta vida. Trabajaré para usted, pasaré hambre con usted. No me deje sola para enfrentarme a lo que temo que llegará en algún momento. No le pido perdón por el pasado, ¡pero no me deje sola ante el futuro!

MRS. B.:   […] sea lo que sea lo que haya sido, es nuestra hija, y yo soy su madre, y si nosotros la perdonamos, ¡quizá Dios la perdone![43]

---

[43] «JEN.: My mother! (… by sofa, falls on it, and hides her face in her hands.) /MRS B.: Yes, unhappy girl, your mother. We had meant to have gone away, as soon as we saw you, our child, but something called us back. What you are, we know-but it is not for us to make bad worse… for long we have fattened on your livelihood. We were nigh to want, when you first came down to give us a roof. Here's the key to your house-all that is in it is yours. […] here's all the money we have with us. Take it. It is yours… here is the watch you gave me on my last birthday. I cannot wear it again./ BOK.: Here is the spectacles you gave me. Here is the silver baccabox you sent to me. Come along, mother! /JEN.: (tearful voice) Oh! Father! Don't-don't go away from me, so! /MRS B.: […] we can't thrive by eating poison. We want the bread won by honest work. / JEN.: Oh! Stay, dear father! Don't leave me to this life. I will work for you—I will starve with you. Don't leave me to meet what I fear will come. I don't ask for forgiveness for the past,

Como puede observarse en este diálogo, Jenny no se atreve a pedirles perdón. Sí se muestra asustada por lo que pueda ocurrir en el futuro, al que no quiere tener que enfrentarse sola. Ese «futuro» ominoso bien podía estar también en mente de todo el público, que seguramente tenía muy presente los tipos de castigos a los que las *fallen women* se veían sometidas tanto en la literatura como en la realidad. Al mismo tiempo, esta escena presenta no solo una reconciliación familiar, sino también una muestra de esa tensión entre lo que Jenny es y lo que podría haber sido. Ya anteriormente, Jenny se pregunta para sí misma qué podría haber sido de ella de no haber escogido el camino deshonesto.[44] De esta manera, Boucicault abre la puerta a que nos imaginemos un futuro diferente para ella, uno más amable en el que su reintegración en la sociedad respetable sí es posible y, a su vez, hace que el público se cuestione una quizá no tan descabellada reintegración de las mujeres reales en su misma situación.

Una vez que la doble vida de Jenny se ve expuesta, parece que sus devaneos con lo inmoral terminan salpicando a los que la rodean. No solo ella aparece «manchada» por sus actos, sino que su presencia contamina simbólicamente el entorno, pudiendo afectar incluso a las mujeres que siguen considerándose «puras». Esta lógica de contaminación o corrupción moral va en consonancia con el clima

---

but don't leave me to the future! / MRS B.: […] whatever she has been, she is our child, and I am her mother—and if we forgive her, perhaps God will forgive her!» (Boucicault, 1869: 36).

[44] «JEN.: Oh! What might I not have been if I were not what I have made of myself?» (Boucicault, 1869: 27).

de los Contagious Diseases Acts, que parecían afirmar que eran las mujeres (no los hombres) las portadoras de enfermedades contagiosas. Así pues, estar cerca de una *fallen woman* implicaba a menudo verse asociada con su impureza. En *Formosa*, observamos cómo Mrs. Boker insta a Nelly a abandonar la casa de Jenny en cuanto se descubre su profesión, advirtiéndola así de que ese no era un lugar adecuado para una joven respetable como ella.[45] De esta manera, Mrs. Boker protege a Nelly y la aleja del entorno manchado y corrupto de Formosa. Esta intención de limpiarse o desvincularse de lo degradado se repite cuando los Boker le devuelven sus regalos a su hija y renuncian a su ayuda económica. Han conseguido levantar su negocio y han ostentado objetos caros a costa de la desgracia de su hija y ahora, al conocer su verdadero oficio, deciden deshacerse de todo lo «contaminado». Aunque Mrs. Boker termine el diálogo diciendo que «si nosotros la perdonamos, ¡quizá Dios la perdone!», la posibilidad de un perdón general no parece estar del todo clara. Jenny pide quedarse con ellos para «trabajar» y «pasar hambre» juntos, como si su redención dependiera de un sufrimiento familiar compartido. Para ella, al fin y al cabo, también se trataría de una degradación en lo que a su situación económica se refiere.

De esta manera, cuestionándonos si la reintegración de Formosa es posible, podemos comprender el poder de subversión de la escena anterior en la que Jenny le ofrece su «insignificante vida» a Spooner, un hombre acaudala-

---

[45] «MRS. B. (to NELLY): Go your way, Miss Nelly; this is no fit place for such as you» (Boucicault, 1869: 36).

do. Que ella se ofrezca a Spooner, se acerque y le permita su abrazo (después de que él lo haya estado intentando durante toda la obra) es un gesto de entrega, casi de rendición. Spooner ha estado persiguiéndola durante toda la obra «como un perro» y ahora es ella la presa. En lugar de un matrimonio romántico tradicional, Jenny intenta reparar su pasado premiando la constancia de Spooner y rindiéndose a las normas morales victorianas, cediendo a la ideología doméstica del momento. Boucicault no consigue desafiar del todo la tradición y, una vez que ha sugerido este final para Formosa, decide ocultarla de las últimas escenas. En otras palabras, Boucicault no mata ni encierra a su protagonista, pero sí la borra de escena, quitándole de manera simbólica su agencia una vez que ella ha reconocido su errática vida y ha reparado sus errores con los que la rodean. En las últimas escenas de la obra, en las que se celebra la famosa regata entre los equipos universitarios de Oxford y Cambridge, Jenny está ausente. Su última frase antes de desaparecer de la obra es bastante reveladora: «¡Nunca volveré a cruzarme en tu camino!».[46] Y así parece ser, ya que ni siquiera se la incluye en la escena final en el que el resto de los personajes aparecen animando a los remeros, ocupando todo el escenario. Si recordamos el alegato de Boucicault en los periódicos, en el que afirmaba ser un escritor «realista», podemos entender cómo este final clave en el que parece que el orden social se ha reinstaurado no tiene cabida para Formosa, que ha sido finalmente borrada de la escena. Con este desenlace, Boucicault consigue criticar el modo en que

[46] «I shall never cross your path again!» (Boucicault, 1869: 42).

la sociedad victoriana resolvía sus problemas: ocultando o enclaustrando lo que resultaba incómodo. En *Formosa*, Boucicault expone el *great social evil* (el problema de la prostitución), presenta a una protagonista cuya agencia parece ser incómoda y problemática desde el marco de la familia tradicional, critica la movilidad de clase, y aun así, sigue silenciando todo lo que podría haber sido.

En conclusión, aunque Jenny no muere al final de la obra, sí permanece náufraga. Pese a sobrevivir a todo el vendaval, su final se ve reducido a la vida en los márgenes, fuera de escena, lejos de las celebraciones. Como la protagonista de «A Castaway» de Augusta Webster, Jenny sobrevive al naufragio, pero no tiene garantías de poder regresar a la vida respetable. Boucicault no le concede a su protagonista una reintegración plena en la sociedad, sino que la utiliza para denunciar a una sociedad que parece seguir tolerando la prostitución y la vida de vicio siempre y cuando esta continúe invisible.

Conclusiones

Llegados a este punto, es imprescindible volver a nuestra metáfora inicial del naufragio social para poder entender a todas las figuras femeninas que hemos estudiado en este volumen (esposas no normativas, viudas y prostitutas). Todas ellas, como se ha argumentado en los capítulos anteriores, representan sobre los escenarios ingleses del siglo XIX la experiencia de alienación y desplazamiento que Pardo Bazán ya había intuido en sus «náufragas» madrileñas en su relato «Náufragas» (1909). En la introducción de este volumen apuntamos que «hablar de náufragas del siglo XIX no es tarea sencilla», y así nos lo demuestran las tres protagonistas analizadas en los capítulos anteriores. Como conclusión, es importante destacar el modo en que todas ellas potencian esa imagen de «naufragio social» o de desamparo femenino. Como hemos visto en nuestro análisis de las obras *The Colleen Bawn* (1860), *Up at the Hills* (1860) y *Formosa* (1869), el teatro popular inglés del siglo XIX supo trasladar esa idea de naufragio a contextos tan remotos como las colonias o el campo, pero también a otros tan familiares como la metrópolis o los hogares. De esta manera, los personajes femeninos que aquí hemos estudiado naufragan no por tormentas naturales enfurecidas o en alta mar, sino porque son engullidas por las corrientes de un orden social restrictivo para ellas.

Anteriormente hemos mencionado que, en su definición de *naufragio*, la RAE indica que el término no solo se refiere a una pérdida o ruina de una embarcación en el mar, sino que también contempla toda aquella «pérdida grande; desgracia o desastre» (s. f., definición 2). Bajo este paraguas se enmarca nuestro estudio del naufragio como una experiencia de pérdida o de hundimiento simbólico en el orden social; dicho de otro modo, y como mencionábamos anteriormente, se trata de la imposibilidad de encajar en los «mapas de género», un término con más matices que sigue la idea de los «mapas mentales» introducida por Götz y Holmén (2018: 158). En definitiva, las protagonistas que aquí se han analizado (Eily O'Connor, Mrs. Clara Eversleigh y Jenny/Formosa) van más allá de la imaginación del teatro y constituyen un espejo de las ansiedades de la sociedad decimonónica sobre la naturaleza de las mujeres. También se ha resaltado cómo las sensaciones de alienación, incomodidad y exclusión podían verse estrechamente ligadas a los relatos de naufragio (Spaas y Stimpson, 1996). Así lo hemos visto en las historias aquí analizadas: Eily O'Connor, como esposa secreta que no consigue encontrar su lugar en el hogar tradicional; la viuda Mrs. Clara Eversleigh, que debe sobrevivir en una especie de limbo, con su vida en pausa y amenazas contra su virtud; y la cortesana Formosa, que transgrede lo normativo y vive una doble vida asumiendo dos identidades muy diferentes para poder sobrevivir. En los tres casos, vemos cómo la náufraga es una aventurera solitaria, dejada a su suerte y forzada a improvisar su supervivencia en un espacio hostil (Acquisto, 2012; Palmer, 2016).

Por otra parte, no debemos olvidar la parte más optimista de toda historia de naufragios: la esperanza de supervivencia. Después de todo, lo más interesante en toda historia de naufragios es poder ver a la protagonista medrar y sobrevivir por sus propios medios. Las náufragas consiguen llegar a la orilla, aprenden a valerse por sí mismas en la isla con apenas recursos y, finalmente, consiguen volver a sus hogares. Sin embargo, muchas veces obviamos que la isla también se convierte en un hogar, que el naufragio, aunque incómodo, también puede llevarnos al autoconocimiento. Así pues, las mujeres que hemos estudiado en este volumen no son solo víctimas, sino que también se convierten en ejemplos de resiliencia. Las escenas cargadas de dramatismo y emoción, como la de la cueva en *The Colleen Bawn* (1860), las intrigas amorosas de Mrs. Clara Eversleigh en *Up at the Hills* (1860) o el arrepentimiento de Jenny en *Formosa* (1869), nos demuestran que las figuras marginales seguían ocupando un espacio en los imaginarios colectivos. En otras palabras, las mujeres náufragas seguían siendo visibles y tema de debate.

Así pues, aunque en este volumen hemos analizado a las tres protagonistas de manera independiente, podemos encontrar muchas líneas entrelazadas. Si ampliamos nuestra mirada y las consideramos a las tres de manera conjunta, podremos obtener una visión más amplia del naufragio, de su exclusión, de su desplazamiento o *displacement* (Puchal, 2020) y de su supervivencia. La esposa Eily O'Connor naufraga cuando el matrimonio no es cobijo suficiente para ella, cuando es rechazada por su otredad. La viuda Mrs. Clara Eversleigh naufraga cuando la pérdida de su marido la coloca en una posición ambigua, donde su autonomía y su virtud quedan enfrentadas. La prostituta Jenny Boker, o Formosa, naufraga cuando su supervivencia depende de tener que asumir una identidad degradada. En definitiva, tal y como hemos argumentado anteriormente, debemos recuperar a estas tres protagonistas olvidadas del teatro inglés decimonónico para poder seguir replanteándonos los límites del naufragio y de la identidad femenina del siglo XIX.

En el capítulo 1 se ha presentado la figura de la esposa no normativa. Al utilizar el término «no normativa» hemos hecho alusión a todas aquellas esposas que no entraban dentro del canon del «ángel del hogar», la *true woman* o «mujer verdadera». Si, como proclamaban los discursos ruskinianos y el poema de Coventry Patmore, las mujeres solo alcanzaban su plenitud al convertirse en esposas y madres, ¿qué ocurría con las que, según estos cánones, fracasaban? Eily O'Connor representa a todas aquellas mujeres que, a pesar de su obediencia, devoción y candidez, quedaban alienadas. En *The Colleen Bawn*, Eily O'Connor es a todas luces una esposa; así lo demuestra el certificado matrimonial que esconde en su pecho recelosamente. Sin embargo, queda relegada a una vida fuera de lo aceptado cuando es ocultada por su marido, Hardress Cregan, y obligada a vivir en una cabaña al otro lado del lago, lejos del hogar familiar. Según la «geografía oculta» (Kaplan, 1996) que organiza nuestra vida, Eily queda indudablemente fuera de lo normativo. En lo que se refiere al naufragio, podríamos considerar en Eily uno de doble naturaleza: en primer lugar, Eily naufraga al no conseguir una posición respetable (por encima de su clase social original) tras casarse con Hardress. El matrimonio, que se suponía un garante de legitimidad para las mujeres, resulta no ser suficiente. En segundo lugar, Eily naufraga al no conseguir encajar en el ideal femenino. Su origen humilde, su marcado acento de Kerry y su aspecto cándido pero simplón le imposibilitan el acceso al ensalzado espacio del «ángel del hogar». En *The Colleen Bawn* la vemos como el contrapunto de la heredera Anne Chute; las diferencias entre ellas, evidentes no solo en su clase social, sino también en su forma de hablar, de vestir y, por encima de todo, en su agencia, refuerzan la alteridad de Eily. En definitiva, y como ya advierte MacRaild (2010) en su estudio del estereotipo de las mujeres irlandesas en el contexto inglés decimonónico, el origen de las mujeres puede invalidar su rol como esposas legítimas.

Otra de las ideas clave que hemos analizado al estudiar el caso de Eily O'Connor es el icono de la «mujer sumergida» o *submerged woman* (Smyth, 2022). El intento de asesinato de Eily a manos del criado de su marido, Danny Mann, ilustra perfectamente esa sensación de naufragio y de peligro para las mujeres fuera de los márgenes. La escena de la cueva es la *sensation scene* por excelencia cuando se estudia el *sensation drama* de mediados de siglo XIX, no solo por la espectacularidad de su puesta en escena, sino también por su carga emocional al presentar a una mujer en peligro de ser tragada por el agua, luchando por mantenerse a flote. En el contexto cultural del siglo XIX, cuando el imaginario colectivo solía asociar el ahogamiento a un final trágico para las mujeres caídas en desgracia o *fallen women*, resulta especialmente significativo ver cómo Eily sí es capaz de sobrevivir. En este marco, la mujer sumergida puede ser entendida también como una náufraga, a medio camino entre la *fallen woman* y la víctima inocente. En Eily observamos muy claramente esa ambigüedad, ya que se mueve entre dos identidades: por un lado, la muchacha «blanca» y «pura», como su propio apodo sugiere; por otro, la de la amante ilegítima, escondida en una cabaña. En definitiva, la historia de Eily O'Connor nos invita a pensar en la ambigüedad del matrimonio decimonónico, sobre todo desde el punto de vista de las mujeres. Como mencionaba Perkin (1989), casarse hacía posible que muchas mujeres ganaran algo de autonomía al dejar atrás el hogar paterno; sin embargo, la ideología de género (y las leyes matrimoniales de la época) establecía unos mapas tan estrictos que, a menudo, algunas mujeres volvían a caer en el control, esta vez por parte de sus maridos. En el caso de Eily, su marido la rechaza por su origen, la enclaustra en una cabaña y pretende borrarla.[1] Su naufragio no es una consecuencia de sus actos, sino más bien de un sistema que la margina por su origen y su clase social. Por todo esto, aunque *The Colleen Bawn* sea una obra muy reconocida en el mundo académico, debemos seguir cuestionando todas sus connotaciones, también en lo que a estudios de género se refiere. Examinar el papel de Eily como mujer náufraga, así como su iconografía como mujer sumergida, nos permite seguir abriendo la puerta a otras mujeres del siglo XIX que quedaron siempre fuera de lugar.

Si la esposa parece naufragar dentro del matrimonio, en el caso de las viudas vemos cómo lo hacen al perderlo.

---

[1] Otras obras del siglo XIX también presentan este tipo de rechazo a las mujeres por su origen. Entre algunos de los personajes femeninos menos recordados por la historia se encuentran las nativas-americanas Zuletta de la obra anónima *The Prairie Flower* (1860) y Cahontas en *The Indian Girl* (Anónimo, 1860), así como la gitana Camilla en *The Gitanilla!; or, the Children of the Zincali* (Crawford, 1860). Consúltese también Puchal (2020; 2021a; 2021b).

Como se ha analizado en el capítulo 2, la condición de viudedad en el siglo XIX podía resultar también liberadora en algunos sentidos, aunque a la vez profundamente problemática para las mujeres. La comedia *Up at the Hills* (1860), de Tom Taylor, ofrece una oportunidad perfecta para explorar esta paradoja a través del personaje de Mrs. Clara Eversleigh. En el contexto de la India colonial, Taylor muestra a una protagonista fuera de lugar: desprovista de la protección de su marido y en un espacio geográfico alejado de su hogar. Como viuda, ya no puede ligar su identidad a la de su marido y, como mujer sola en las colonias, su vulnerabilidad la hace el blanco fácil para otros hombres que amenazan con destruir su único bote salvavidas: su reputación. Aunque anteriormente hemos mencionado cómo la viudedad no resultaba algo anómalo durante el siglo XIX (Gamble, 2009), perder al marido sí podía ser decisivo para la identidad y el sentido de valía personal de algunas mujeres decimonónicas (Jalland, 1996). Sin embargo, cabe destacar que el ejemplo que hemos presentado en este volumen, el de Mrs. Clara Eversleigh, es el de una mujer relativamente «a salvo», ya que se trata de una viuda acomodada. En futuras ocasiones también resultaría interesante analizar el trato de las viudas menos acaudaladas por parte del teatro decimonónico, si es que existe representación sobre los escenarios de su situación. Por tanto, podríamos decir que el ejemplo de Mrs. Clara Eversleigh es el de las viudas en una posición más bien privilegiada.

En nuestro análisis de las viudas decimonónicas hemos identificado también varios estereotipos como el de la mujer afligida, vestida de negro permanente, o el de la «viuda alegre» que, una vez liberada de la esclavitud del matrimonio, se entregaba a placeres más mundanos. Como ya nos advierte Lokis-Adkis, la representación de las viudas en la cultura popular decimonónica oscila entre la austeridad y la frivolidad, el recato y el libertinaje. Mrs. Eversleigh nos muestra un terreno intermedio, donde ambas opciones parecen poder darse simultáneamente. Quizá el propio apellido de la protagonista nos da más pistas sobre su naturaleza, ya que el autor esconde tras un juego de palabras («ever», siempre, y «sleight», engaño) pistas sobre la ambigüedad de las viudas. Siempre engañosa, siempre en terreno ambiguo, su sinceridad siempre en entredicho. Sin duda, su apellido sirve para advertir al público de su poca credibilidad, haciéndole sospechar ya desde el principio sobre su carácter. En otras palabras, cuando se trata de una mujer, advierte, no es suficiente con confiar en las apariencias.

También hemos hablado sobre las *grass widows* o «viudas de hierba», náufragas también debido a su condición inestable: no son esposas de pleno derecho porque sus maridos no están presentes la mayor parte del tiempo, pero tampoco son viudas oficiales, pues sus maridos siguen vivos. Estas mujeres habitaban un espacio gris, eran percibidas con recelo, pues su soledad parecía propiciar un comportamiento más transgresor y autónomo. En *Up at the Hills* hemos identificado a la esposa del coronel McCann como un ejemplo de *grass widow* y hemos explicado cómo su estatus le permitía moverse en la *hill station* como si de una monarca se tratase. Su comportamiento casi masculino hace de ella una anomalía en el contexto colonial. Además, en ella advertimos un ejemplo de resiliencia dentro del naufragio. A diferencia de la imagen de la viuda frágil y expuesta, Mrs. McCann se desenvuelve como una mujer con recursos, capaz de dirigir a los miembros de la comunidad en un entorno colonial. En definitiva, lejos de hundirse, Mrs. McCann nos demuestra que el naufragio no siempre significa derrota o hundimiento, sino que también representa un tipo de resistencia. En definitiva, las viudas victorianas son figuras enrevesadas, con contradicciones. Toda independencia también acarrea un aire de sospecha. Pueden ser objeto de respeto, pero también de burla. Pueden ser objeto de la devoción de otros hombres, pero también el blanco de artimañas que buscan aprovecharse de ellas. En todos los casos, queda claro que muchas veces las viudas quedan fuera de lugar, pues la sociedad no es capaz de clasificarlas más allá de los roles tradicionales femeninos. La historia de Mrs. Clara Eversleigh nos muestra esa problemática, enseñándonos a una viuda con multitud de facetas. Al comparar las esposas no normativas con las viudas, podemos ver cómo el naufragio femenino puede adoptar muchas formas. Como hemos mencionado, ambas comparten la experiencia de exclusión y de desplazamiento, aunque lo hacen por razones distintas. Si las esposas parecen naufragar incluso dentro del matrimonio (objetivo idealizado para las mujeres) y las viudas lo hacen al perderlo, las prostitutas son náufragas desde el inicio. Son mujeres que no tienen cabida en la institución del matrimonio, como hemos estudiado en *Formosa* (1869).

Al analizar a las prostitutas en el capítulo 3 nos encontramos con el problema de la terminología empleada para referirnos a estas mujeres. Existe una lista muy extensa de términos utilizados por los decimonónicos para advertir al interlocutor de que la mujer a la que se designaba era diferente; se utiliza la más vulgar, *prostituta*, pero también eufemismos como *mujer caída* o *fallen woman*, términos afrancesados como la *demimonde*, elegantes como *cortesana*, vacíos como *anónima* (*Anonyma*) y epítetos más largos como *girl of the period* o *fast girl*, que no siempre ostentaban significados tan obscenos. En este sentido, es obvio que resulta muy difícil definir la categoría de «prostituta» decimonónica, ya que constituye una figura con muchísimos matices. Como señala Eltis (2013: 72), incluso las «viudas felices» o *merry widows* eran también a veces consideradas *demimondes*. Gracias al personaje de Jenny en *Formosa*, podemos seguir entendiendo otros tipos de prostitutas o cortesanas en la literatura e imaginario del siglo XIX, mucho antes incluso de que G. B. Shaw nos presente a finales de siglo a su famosa Mrs. Warren en *Mrs. Warren's Profession* (1893). Como primera cortesana moderna de origen inglés, Jenny/Formosa nos presenta a una figura compleja que rompe con el estereotipo de prostituta callejera que tan presente estaba en el ideario decimonónico. Formosa no ejerce en la vía pública ni en ciudades costeras, no busca clientes en los suburbios; por el contrario, se pasea con elegancia por los parques centrales de la capital, se rodea de lujo y, curiosamente, revierte los roles tradicionales al ser el principal sustento de sus padres. Tal vez es su situación la que genera el rechazo de la crítica; el público estaba acostumbrado a sentir compasión por la prostituta pobre, que tenía que enfrentarse a unas condiciones de miseria todos los días, e incluso podía sentirse afligido al leer las noticias de mujeres caídas ahogadas en el río o internadas en asilos. Sin embargo, ante una mujer como Formosa, que parece tener algo de estabilidad como cortesana, su reacción es de indignación ante su «perversión». Formosa no se ajusta al estereotipo de víctima al que el público estaba acostumbrado y quizá por eso generaba tanto rechazo. Como hemos explicado en la primera sección del capítulo 3, según los más tradicionales entre el público, su ejemplo parecía no tener cabida en el escenario.

Es por ello por lo que es inevitable hacernos las siguientes preguntas: ¿por qué no abandona Jenny su vida como Formosa y busca otro tipo de trabajo en la ciudad? ¿Por qué no busca redimir su condición de cortesana y reintegrarse hasta que no le queda otra alternativa? ¿Había mujeres prostituidas que preferían seguir ejerciendo en vez de buscar trabajos menos censurados por la sociedad? Jenny observa cómo Nelly sí es capaz de huir de la perversión del *music hall* y de reconvertirse en una trabajadora respetable en Londres, así que, ¿qué le impide intentar hacer lo mismo? *A priori*, parece que, en los tres ejemplos aquí analizados, siempre son los hombres los que salvan a nuestras náufragas. En el caso de Eily O'Connor, es Myles na Coppaleen quien la saca del lago; en el de Mrs. Eversleigh, es el comandante Stonihurst el que la ayuda a gestionar su hogar tras el fallecimiento de su marido; y en el de Jenny en *Formosa*, Spooner le permite una salida digna de su condición de cortesana al pedirle matrimonio. Sin embargo, si miramos con más detenimiento, vemos que su última salvación o recuperación tras el naufragio es propiciada siempre gracias a la ayuda de otras mujeres. Es Anne Chute, la rica heredera, la que le tiende la mano a Eily al final de *The Colleen Bawn* y le da la bienvenida a su círculo de «amigos». Es Mrs. Mc-Cann, la esposa del coronel en la estación de montaña en la India la que consigue liberar a Mrs. Eversleigh de las amenazas de Stonihurst, solo interesado en su dinero. Y, finalmente, es Mrs. Boker, la madre de Jenny, la que tiene la última palabra en su perdón. Un perdón simbólico que hace que podamos considerar a las mujeres como decisivas en el rescate de otras mujeres. Esto, sin duda, nos ofrece una posibilidad de lectura alternativa para todas las obras aquí estudiadas.

Finalmente, este volumen también busca abrir nuevas vías de investigación en trabajos futuros, contribuyendo a la definición de naufragio social y para seguir dándole voz a las náufragas sociales victorianas. Esta investigación abre la puerta a considerar también otros periodos históricos y otros contextos geográficos como, por ejemplo, la España franquista e instituciones como el Patronato de Protección a la Mujer, que bien se asemejan a las *Magdalene houses* que hemos mencionado en el capítulo 3.[2] En el sentido literal del naufragio, también resultaría interesante ir más allá del naufragio social y rescatar a todas las náufragas literales representadas en la literatura decimonónica, haciendo especial hincapié en las «robinsonadas» femeninas en línea con el trabajo de Smith (2015) y Doughty (2014), entre otros. En definitiva, todas las mujeres que hemos recuperado en este volumen contribuyen a que sigamos interrogando las formas en las que el teatro del siglo XIX representó, visibilizó y problematizó la experiencia de deriva femenina en un mundo que facilitaba demasiado su condición de náufragas.

---

[2] Consúltese el trabajo de Guillén Lorente (2020; 2024), así como el reportaje *El Patronato* (2018) de RTVE, dirigido por Teresa Martín y Rosa Alcántara.

Bibliografía

Acquisto, Joseph. *Crusoes and Other Castaways in Modern French Literature: Solitary Adventures*. University of Delaware, 2012.

Allen Cave, Richard. «Staging the Irishman». *Acts of Supremacy*, ed. J. S. Bratton, R. A. Cave, B. Gregory, H. J. Holder y M. Pickering, Nueva York, Manchester University Press, 1991, pp. 62-128.

American Heritage Dictionary of the English Language. «grass widow», https://ahdictionary.com/word/search .html?q=grass+widow

Aronofsky Weltman, Sharon. *Performing the Victorian: John Ruskin and Identity in Theater, Science, and Education*. The Ohio State University, 2007.

Attwood, Nina. *The Prostitute's Body: Rewriting Prostitution in Victorian Britain*. Routledge, [2011] 2016.

Azema, Lucie. *Mujeres en Ruta. La emancipación a través del viaje*, trad. Lourdes Martínez Pérez, Madrid, La Línea del Horizonte Ediciones, 2023.

Bachelard, Gaston. *El agua y los sueños*. FCE, [1942] 2017.

Banham, Martin. *Plays by Tom Taylor*. Cambridge, Cambridge University Press, 1985.

Barr, Pat. *The Memsahibs: The Women of Victorian India*. Pimlico, [1989] 2011.

Biddlecombe, George. «The Construction of a Cultural Icon: The Case of Jenny Lind». *Nineteenth-Century British Music Studies*, vol. 3, eds. Peter Horton y Bennett Zon, Routledge, 2003, pp. 45-61.

Booth, Michael. *Theatre in the Victorian Age*. Cambridge University Press, 1991.

Booth, Michael. «Comedy and Farce». *The Cambridge Companion to Victorian and Edwardian Theatre*, Cambridge University Press, 2004, pp. 129-144.

Borham-Puyal, Miriam. *Contemporary Rewritings of Liminal Women. Echoes of the Past*. Routledge, 2020.

Boucicault, Dion. *The Colleen Bawn; or, the Brides of Garryowen. A domestic drama, in three acts*. Laura Keene's Theater, Nueva York, 27 de marzo de 1860 // Adelphi Theatre, Londres, 10 de septiembre de 1860.

Boucicault, Dion. *Formosa: («The Most Beautiful»), or The Railroad to Ruin. A drama of modern life, in four acts*. Drury Lane, Londres, 5 de agosto de 1869.

Bratton, Jacky. *The Making of the West End Stage: Marriage, Management and the Mapping of Gender in London, 1830–1870*. Cambridge, Cambridge University Press, 2011.

Brown, Terence. *The Irish Times. 150 Years of Influence*. Bloomsbury, 2015.

Buckingham, Leicester. *The Merry Widow, a comedy in two acts*. Londres, Thomas Hailes Lacy, 1863.

Crane, Diana. «Clothing Behavior as Non-Verbal Resistance: Marginal Women and Alternative Dress in the Nineteenth Century». *Fashion Theory*, vol. 3, no. 2, 1999, pp. 241-268.

Curran, Cynthia. «Private Women, Public Needs: Middle-Class Widows in Victorian England». *Albion*, vol. 25, no. 2, 1993, pp. 217-236.

Curry, Jane Kathleen. *Nineteenth-century American Women Theatre Managers*. Greenwood Press, 1994.

Davis, Jim. «Theatres and Their Audiences». *The Cambridge Companion to English Melodrama*, ed. Carolyn Williams, Cambridge University Press, 2018, pp. 78-94.

Davis, Jim y Victor Emeljanow. *Reflecting the Audience: London Theatregoing, 1840-1880*. University of Iowa Press, 2001.

Davis, Tracy C. *Actresses as Working Women: Their Social Identity in Victorian Culture*. Routledge, [1991] 2002.

Davis, Tracy C. *The Economics of the British Stage, 1800-1914*. Cambridge, Cambridge University Press, 2000.

De Carlos Varona, María Cruz. «Náufragas». *Invitadas. Fragmentos sobre mujeres, ideología y artes plásticas en España (1833-1931)*, ed. Carlos G. Navarro, Madrid, Museo Nacional del Prado, 2020, pp. 240-261.

De Courcy, Anne. *The Fishing Fleet. Husband Hunting in the Raj*. Weidenfeld & Nicolson, [2012] 2013.

Doughty, Terri. «Deflecting the Marriage Plot: The British and Indigenous Girl in "Robina Crusoe and Her Lonely Island Home" (1882-1883)». *Colonial Girlhood in Literature, Culture and History, 1840-1950*, ed. K. Moruzi y M. Smith, Palgrave, 2014, pp. 60-78.

Draznin, Yaffa Claire. *Victorian London's Middle-Class Housewife*. Greenwood Press, 2001.

Dreher, Nan H. «Redundancy and Emigration: The 'Woman Question'. *Mid-Victorian Britain' in Victorian Periodicals Review*, vol. 1, no. 26 , Spring 1993, pp. 3-7.

Eltis, Sos. «The Fallen Woman on Stage: Maidens, Magdalens, and the Emancipated Female». *The Cambridge Companion to Victorian and Edwardian Theatre*, ed. Kerry Powell, Cambridge University Press, 2004, pp. 222-236.

Eltis, Sos. *Acts of Desire. Women and Sex on Stage, 1800-1930*. Oxford University Press, 2013.

«El Patronato». *Crónicas*. RTVE, 2018, https://www.rtve.es/play/videos/cronicas/cronicas-patronato/4742478/

The English Woman's Journal.

Epstein-Nord, Deborah. *Walking the Victorian Streets: Women, Representation, and the City*. Cornell University Press, 1995.

The Examiner.

Gamble, Sarah. «The Husbandless Home. Domesticity and the Young Widow in the Contemporary Novel». *Feminism, Domesticity and Popular Culture*, ed. Stacy Gillis y Joanne Hollows, Routledge, 2009, pp. 79-92.

Gernsheim, Alison. *Victorian and Edwardian Fashion: A Photographic Survey*. Dover Publications, Inc., [1963] 1981.

Gates, Barbara. *Victorian Suicide. Mad Crimes and Sad Histories*. Princeton University Press, 1988.

Ghose, Indira. *Memsahibs Abroad: Writings by Women Travellers in Nineteenth-century India*. Nueva Delhi, India, Oxford University Press, 1998.

Ghose, Indira. «The Memsahib Myth: Englishwomen in Colonial India». *Women and Others: Perspectives on Race, Gender, and Empire*, eds. Celia R. Daileader, Rhoda E. Johnson y Amilcar Shabazz, Basingstoke, Palgrave Macmillan, 2007, pp. 107-28.

Ghosh, Durba. «Making and Un-making Loyal Subjects: Pensioning Widows and Educating Orphans in Early

Colonial India». *The Journal of Imperial and Commonwealth History*, vol. 1, no. 31 , 2010, pp. 1-28.

Gore, Clare Walker. «"Why don't he Send the Girl to the Asylum?": Adaptation, Disability and the Social Body in Boucicault's Dot and The Colleen Bawn». *Nineteenth Century Theatre and Film*, vol. 49, no. 2, 2022, pp. 126-143, https://doi.org/10.1177/17483727221116134

Götz, Norbert y Janne Holmén. «Introduction to the theme issue: "Mental maps: Geographical and historical perspectives"». *Journal of Cultural Geography*, vol. 35, no. 2, 2018, pp. 157-61.

Gould, Marty. *Nineteenth-Century Theatre and the Imperial Encounter*. Routledge, 2011.

«grass widow». *The American Heritage Dictionary of the English Language, Fifth Edition*. HarperCollins Publishers, 2022, https://ahdictionary.com/word/search.html?q=grass+widow

Greg, William Rathbone. *Why are Women Redundant?*, Londres, N. Trubner & Co, [1862] 1869.

Grewal, Inderpal. *Home and Harem: Nation, Gender, Empire and the Cultures of Travel*, Durham/Londres, Duke University Press, 1996.

Guillén Lorente, Carmen. «El patronato de protección a la mujer: moralidad, prostitución e intervención estatal durante el franquismo». *Bulletin d'Histoire Contemporaine de l'Espagne*, no. 54, 2020, pp. 1-6.

Guillén Lorente, Carmen. «El Patronato de Protección a la Mujer: Adoctrinamiento Moral durante el Franquismo». *The Conversation*, 14 de abril de 2024, https://theconversation.com/el-patronato-de-proteccion-a-la-mujer-adoctrinamiento-moral-durante-el-franquismo-224795

Hall, Catherine. *Civilising Subjects. Colony and Metropole in the English Imagination, 1830-1867*. University of Chicago Press, 2002.

Hirsch, Pam. *Barbara Leigh Smith Bodichon: Feminist, artist, rebel*. Pimlico, 1999.

Hofer-Robinson, Joanna y Beth Palmer, editores. *Sensation Drama, 1860-1880. An Anthology*. Edinburgh University Press, 2019.

Hurl-Eamon, Jennine y Lynn MacKay. *Women, Families and the British Army. 1700-1880, Vol. 6*. Routledge, 2020.

Jalland, Pat. *Death in the Victorian Family*. Oxford University Press, 1996.

Joyce, Fraser. «Prostitution and the Nineteenth Century: In Search of the "Great Social Evil"». *Reinvention: a Journal of Undergraduate Research*, vol. 1, no. 1, https://warwick.ac.uk/fac/cross_fac/iatl/research/reinvention/archive/volume1issue1/joyce/ Consultado 12 julio 2025.

Kaplan, Caren. *Questions of Travel: Postmodern Discourses of Displacement*. Duke University Press, 1996.

Kennedy, Dane. *The Magic Mountains. Hill Stations and the British Raj*. Berkeley, University of California Press, 1996. http://ark.cdlib.org/ark:/13030/ft396nb1sf/

Lacey, Candida Ann. *Barbara Leigh Smith Bodichon and the Langham Place Group*. Routledge, 1987.

Laite, Julia. «A Global History of Prostitution: London». *Selling Sex in the City: A Global History of Prostitution, 1600s-2000s*, eds. Magaly Rodríguez García, Lex Heerma van Voss y Elise van Nederveen Meerkerk, Leiden/Boston, Brill, 2017, pp. 111-137.

Levine, Philippa. *Victorian Feminism, 1850-1900*. University Press of Florida, 1994.

Linton, Eliza Lynn. «The Girl of the Period». *Prose by Victorian Women: An Anthology*, eds. Andrea Broomfield y Sally Mitchell, Garland Publishing, 1996, pp. 356-360.

Littell's Living Age. «Formosa». *Littell's Living Age, fourth series*, vol. 14, julio, agosto, septiembre, 1869, pp. 756-757.

Lokis-Adkins, Julie. *Deadly Desires: A Psychoanalytic Study of Female Sexual Perversion and Widowhood in Fin-de-Siècle Women's Writing*. Routledge, 2018.

London Evening Standard.

MacKay, Lynn. *Women and the British Army, 1815-1880*. The Boydell Press, 2023.

MacRaild, Donald M. *The Irish Diaspora in Britain, 1750-1939*. Bloomsbury, 2010.

Marcus, Sharon. «Victorian Theatrics: Response». *Victorian Studies*, vol. 54, no. 3, 2012, pp. 438-450.

McFeely, Deirdre. *Dion Boucicault. Irish Identity on Stage*. Cambridge, Cambridge University Press, 2012.

McInnis, Verity. *Women of Empire. Nineteenth-Century Army Officers' Wives in India and the U. S. West*. Norman, Oklahoma, University of Oklahoma Press, 2017.

McPeake, Margaret Catherine. *Embodying Ireland: Representing Woman as Nation and Community in Irish Literature*. Universidad de Miami, Tesis doctoral, 2001.

McWilliam, Rohan. *London's West End: Creating the Pleasure District, 1800-1914*. Oxford, Oxford University Press, 2020.

Mechant, Maja. «"Why did she not live with her husband and how was she able to support herself?" Grass Widow Prostitutes in Eighteenth-Century Bruges». *Single Life and the City, 1200-1900*, eds. Julie De Groot, Isabelle Devos y Ariadne Schmidt, Londres / Nueva York, Palgrave Macmillan, 2015, pp. 158-176.

«memsahib». *Merriam-Webster.com Dictionary*, Merriam-Webster, https://www.merriam-webster.com/dictionary/memsahib. Consultado 23 mayo 2024.

Michalski, Katarzyna y Sergiusz Michalski. *Spider*. Reaktion Books, 2010.

Miles, Rosie. «Dante Gabriel Rossetti, "Jenny" and Augusta Webster, "A Castaway"». *Victorian Poetry in Context*. Bloomsbury, 2013, pp. 105-120.

Mill, Harriet Taylor [Mrs. Stuart Mill]. *Enfranchisement of Women*. Trübner and Co., [1851] 1868.

Monrós-Gaspar, Laura. «"The Devil is in the house": Estudio de la representación de la *strong-minded woman* en la escena victoriana (1850-1895)». *Cultura, Lenguaje y Representación*, vol. 23, 2020, pp. 121-134.

Monrós-Gaspar, Laura y Rosario Arias-Doblas. *Mujer y entretenimiento en el hogar victoriano*. PUV, 2024.

The Morning Advertiser.

Muller, Nadine. «The Widow & the Law: A Brief History of Widows' Pensions in Britain». *Dr. Nadine Leese*, https://nadinemuller.org/research/the-widow-and-the-law/. Consultado 12 febrero 2024.

Nath, Ipshita. *Memsahibs: British Women in Colonial India*. Londres, Hurst & Co., 2022.

Nead, Lynda. *Myths of Sexuality Representations of Women in Victorian Britain*. B. Blackwell, 1988.

Newey, Kate. «Melodrama and Metatheatre: Theatricality in the Nineteenth Century Theatre». *Journal of Dramatic Theory and Criticism*, vol. 11, no. 2, 1997, pp. 85-100.

Newey, Kate. *Women's Theatre Writing in Victorian Britain*. Basingstoke, Palgrave Macmillan, 2005.

Newey, Kate. «Melodrama and Gender». *The Cambridge Companion to English Melodrama*, ed. Carolyn Williams, Cambridge University Press, 2018, pp. 149-162.

Norwood, Janice. «Picturing Nineteenth-Century Female Theatre Managers: the Iconology of Eliza Vestris and Sara Lane». *New Theatre Quarterly*, no. 33, vol. 1, 2017, pp. 3-21.

Núñez-Herrador, Esther Almarcha, Fernández Olalde, Óscar, Sánchez Sánchez, Isidro y Rafael Villena Espinosa. «Evocación, Historia y Tarjetas Postales entre Repúblicas (1869-1939)». *Fotografía y Patrimonio*, ed. Lucía Crespo Jiménez y Rafael Villena Espinosa, Ciudad Real, Centro de Estudios de Castilla-La Mancha, ANABAD Castilla-La Mancha, 2007, pp. 22-45.

Ofek, Galia. «Sensational Hair: Gender, Genre, and Fetishism in the Sensational Decade». *Victorian Sensations: Essays on a Scandalous Genre*, ed. Kimberly Harrison y Richard Fantina, The Ohio State University Press, 2006, pp. 102-114.

Pall Mall Gazette.

Palmer, Christopher. *Castaway Tales: From Robinson Crusoe to Life of Pi*. Wesleyan University Press, 2016.

Perkin, Joan. *Women and Marriage in Nineteenth-Century England*. Routledge, 1989.

Procida, Mary A. *Married to the Empire Gender, Politics and Imperialism in India, 1883-1947*. Manchester University Press, 2002.

Puchal, Victoria. *Displacing Victorian Women: Mid-Nineteenth Century Popular Drama and the Representation of*

Female Identity. Universitat de València, Tesis doctoral, 2020.

Puchal, Victoria. «"You Saved her Life and She Adores You For It": La Buena Salvaje en el Melodrama Inglés de los 1860». *Anuario de Estudios Filológicos*, vol. 44, 2021a, pp. 179-198.

Puchal, Victoria. «Performing the Female Alternative in Victorian Popular Drama: The "Girl of the Period" and the "Fast Girl"». *Alicante Journal of English Studies*, no. 35, 2021b, pp. 21-42, https://doi.org/10.14198/raei.2021.35.01

Pykett, Lyn. *The Improper Feminine: The Women's Sensation Novel and the New Woman Writing*. Routledge, 1992.

Pykett, Lyn. *The Nineteenth-Century Sensation Novel*. Northcote House Publishers, [1994] 2011.

Radcliffe, Caroline. «Remediation and Immediacy in the Theatre of Sensation». *Nineteenth Century Theatre and Film*, vol. 36, no. 2, 2009, pp. 38-52.

Ross, Charles. «Underwater Women in Shakespeare Films». *CLCWeb: Comparative Literature and Culture*, 6.1, 2004, https://docs.lib.purdue.edu/clcweb/vol6/iss1/8/. Consultado 23 abril 2024.

Rossetti, Dante Gabriel. *The Poetical Works*. 2 vols, ed. William Michael Rossetti, Little, Brown, 1913.

Rowe, Jonathan. «"The beautiful Miss Herbert" whose star shone so brightly». *Bristol Post*, https://www.pressreader.com/uk/bristol-post/20210914/282398402541907. Consultado 20 marzo 2024.

Rowell, George. *William Terriss and Richard Prince: Two Players in an Adelphi Melodrama*.

Ruskin, John. *Of Queens' Gardens*. George Allen, 1902.

Ryan, Lorna. *Reading the Prostitute: Appearance, Place and Time in British and Irish Press Stories of Prostitution*. Routledge, [1997] 2018.

The Saturday Review.

Schoch, Richard W. *Queen Victoria and the Theatre of her Age*. Palgrave Macmillan, 2004.

Schoch, Richard W. editor. *Victorian Theatrical Burlesques*. Routledge, 2018.

Scott, Maria M. *Re-Presenting «Jane» Shore: Harlot and Heroine*. Routledge, [2005] 2018.

Senelick, Laurence. «Melodramatic Gesture in Carte-de-Visite Photographs». *Theater*, Spring 1987, pp. 5-13.

Shanley, Mary Lyndon. *Feminism, Marriage, and the Law in Victorian England, 1850-1895*. Princeton University Press, 1989.

Smaling Wood, Kendall. «George Elgar Hicks's Woman's Mission and the Apotheosis of the Domestic». *Tate Papers*, no. 22, 2014, https://www.tate.org.uk/research/tate-papers/22/george-elgar-hicks-womans-mission-and-the-apotheosis-of-the-domestic. Consultado 23 julio 2024.

Smith, Michelle J. «Nineteenth-Century Female Crusoes: Rewriting the Robinsonade for Girls». *Victorian Settler Narratives*, ed. Tamara S. Wagner, Routledge, 2015, pp. 165-176.

Smyth, Patricia. «The Colleen Bawn in Her Element: Sensation, Spectatorship, Meaning». *Nineteenth Century Theatre and Film*, vol. 49, no. 2, 2022, pp. 144-164.

Spaas, Lieve y Brian Stimpson, editores. *Robinson Crusoe: Myths and Metamorphoses*. Palgrave Macmillan, 1996.

Steinbach, Susie. *Women in England, 1760-1914. A Social History*. Phoenix, [2004] 2005.

Sténuit, Marie-Ève. *Une Femme À La Mer! Aventures de Femmes Naufragées.* París, Editions du Trésor, 2017.

Stott, R. *The Fabrication of the Late-Victorian Femme Fatale: The Kiss of Death.* Mcmillan, 1992.

Sutphin, Christine. «Human Tigresses, Fractious Angels, and Nursery Saints: Augusta Webster's *A Castaway* and Victorian Discourses on Prostitution and Women's Sexuality». *Victorian Poetry*, vol. 38, no. 4, Invierno 2000, pp. 511-532.

Taylor, Lou. *Mourning Dress: A Costume and Social History.* Routledge, [1983] 2009.

Taylor, Tom. *The Overland Route.* Haymarket, 23 febrero 1860.

Taylor, Tom. *Up at the Hills.* St. James's Theatre, 22 octubre 1860.

Terry, Ellen. *The Story of my Life.* Londres, Hutchinson & Co., 1908.

The Athenaeum.

Thompson, Peter, editor. *Plays by Dion Boucicault.* Cambridge, Cambridge University Press, 1984.

The Times.

Tolles, Winton. *Tom Taylor and the Victorian Drama.* Nueva York, Columbia University Press, 1940.

Trustram, Mina. *Women of the Regiment: Marriage and the Victorian Army.* Cambridge University Press, 1984.

Villegas-López, Sonia y Beatriz Domínguez-García, editores. *Literature, Gender, Space.* Huelva, Universidad de Huelva Publicaciones, 2004.

Wagner, Tamara S. «Travel Writing». *The Cambridge Companion to Victorian Women's Writing*, ed. Linda H. Peterson, 2015, pp. 175-188.

Walker, Lynne. «Vistas of Pleasure: Women Consumers of Urban Space in the West End of London 1850–1900». *Women in the Victorian Art World*, ed. Clarissa Campbell Orr, Manchester University Press, 1995, pp. 70-87.

Walkowitz, Judith R. *Prostitution and Victorian Society: Women, Class and the State*. Cambridge University Press, 1980.

Walkowitz, Judith R. *City of Dreadful Delight. Narratives of Sexual Danger in Late-Victorian London*. University Chicago Press, 1992.

Waters, Maureen. «The Stage Irishman». *The Comic Irishman*. State University of New York Press, 1984, pp. 41-57.

Webster, Augusta. «A Castaway». *Portraits*. Macmillan and co., 1870, pp. 35-62.

Whelan, Robert. «Chatterton, Frederick Balsir (1834-1886)». *Oxford Dictionary of National Biography*, 25 septiembre 2014. Oxford University Press, https://www.oxforddnb.com/display/10.1093/ref:odnb/9780198614128.001.0001/odnb-9780198614128-e-107210

Yeandle, Peter, Katherine Newey y Jeffrey Richards, editores. *Politics, Performance and Popular Culture: Theatre and Society in Nineteenth-Century Britain*. Manchester University Press, 2016.